獨生子女的優勢教養

師 嚴註河——著

Contents 目錄

第1章 為什麼我決定只生一個？

在這時代，別讓社會觀感壓抑了你個人的生活價值

第2章 只有一個孩子，越要學習怎麼當爸媽

用行動把獨生子女可能的缺點，化為專有優勢

第3章 專為獨生子女設計的教養法

育兒經驗百分百，獨生子女爸媽的實戰訣竅

分齡教養法，不錯過各潛力發展階段

教養8守則，教出聰明懂事的孩子

親子幸福6祕訣，讓全家人一起幸福

第 1 章
為什麼我決定只生一個？

在這時代，別讓社會觀感壓抑了
你個人的生活價值

生一個孩子是我做過最聰明的選擇

韓國政府為了提振生育率，在二〇一五年舉辦了一場海報募集比賽，拿到金牌的作品就叫「生一個不夠」。海報裡一半是灰暗的天空，底下有株孤伶伶的枯黃樹芽；另一半則是藍天白雲，底下有兩株翠綠又有生命力的樹芽。文案寫著：「獨生子女沒有兄弟姊妹，社會能力和人際關係發展都很遲緩，也容易習慣想要什麼就要什麼。」

根據二〇一七年韓國統計處的資料顯示，全國三人家庭（21.5%）比四人家庭（18.4%）的比例更多，平均每戶的子女數是一．一七人。現在三人家庭已經隨處可見，不過社會上普遍還是認為獨生子女都只重視自己，這些偏見往往也讓父母們受傷。身為獨生女媽媽的我，也曾經這樣問過自己：「真的就像海報寫的，獨生子女就一定會自私自利、缺乏社會能力嗎？一定要生兩個嗎？」

獨生子女不合群又自私？別被偏見綁架

這些對獨生子女的既定印象，主要源自於一八九六年美國心理學家史坦利．霍爾（Granville Stanley Hall）領導的兒童相關研究。他在一篇論文《非同尋常的兒童》（Supervised The Study Of Peculiar and Exceptional Children）中提出：「獨生子女大部分只會以自己為中心、社會能力不足，而且很難適應社會。」之後的許多學者和專家都引用他的研究，不單是美國，這些對獨生子女的負面印象甚至發展到世界各地，亞洲國家當然也不例外。

一直要等過了一百多年，到一九七〇年代左右才正式有人提出不同意見反駁霍爾的主張。德州大學的教育心理社會學家托尼．法爾博（Toni Falbo），分別找來獨生子女和有兄弟姊妹的兩組孩子，比較兩者領導力、成熟度、社會融入性、柔軟度及穩定性等十六個項目的差別。研究結果發現，兩組之間並沒有特別的不同。

此外，也沒有科學根據證明獨生子女比較自以為是或缺乏適應力；相反地，研究發現獨生子女在成就動機和尊重自我等方面的指數更高。獨生子女可以完全擁有父母的愛，心理上安全感高、會懂得尊重自己；因為沒有兄弟姊妹，在同儕關係中也會比較慷慨。而且獨生子女有個人獨處的時間、不會有其他人妨礙，更能專注在一件事情上，相對地會更具創意力。也就是說，獨生子女的環境反而能成為孩子的優勢。美國的社會心理學家蘇珊．紐曼（Susan Newman）說：「獨生子女可以從父母身上得到一對一的知識刺激，學業能力會領先有手足的孩子，也會更加幸福。」他也主張：「在民主式的教養之下，獨生子女擁有的環境比有手足的孩子更有利，因為有兄弟姊妹時就不容易得到一對一的照顧。」

日本明治大學的諸富祥彥教授，有三十年的教育諮商經驗，他出版了《獨生子女的教養》（ひとりっ子の育て方）一書，書上說社會上對獨生子女的負面印象其實沒有根據，父母不需要因此對孩子覺得內疚。後來也有很多位學者發現，**孩子的個性、人格和偏好跟有沒有兄弟姊妹無關，關鍵在於父母的教養態度**。如果父母的教養方式總是讓孩子要什麼有什麼，即使有兄弟姊妹，孩子還是會以自我為中心。同樣的道理，一個人有沒有兄弟姊妹對他本身的社會能力並沒有絕對的影響，但為什麼社會上還是充斥著對獨生子女的負面觀感，沒辦法輕易改變呢？

全家人對教養的觀念，會決定孩子幸不幸福

新聞工作者勞倫．桑德勒（Lauren Sandler）長期觀察文化、政治、宗教和性別等各領域的歧視問題，他在《獨一無二》（One and Only）這本著作中回答了這個問題：「在家庭與兒童發展領域，社會輿論對既有觀念的信任，讓真正的專業知識毫無容身之處。到現在已經有五百多篇的研究證實，那些固定觀念都是對獨生子女的偏見；不過即使研究結果正確可信，只要大家不願意相信，還是會被社會輿論忽略。人們普遍的心理是只看自己想看的、只相信自己想相信的，正因如此，社會上對獨生子女的負面觀感才沒有辦法輕易改變。」

每對父母選擇只生一個的原因不太一樣，晚婚、夫妻同時要上班、小孩教育費用太高、不孕，或是想專心投資一個孩子……等等。但這些個人因素往往都被忽略，大家只會用異樣的眼光審視「只生一個」的爸爸、媽媽，讓當事人很不舒服。我自己也承受過社會上的各種壓力和目光，孩子越大、情況就越演越烈；身旁開始會有很多熱心人士建議我：「你要趁年輕再多生一個啊！」我一個人要應付職場工作，回家還要帶小孩、做家事，光是這樣就已經累得夠嗆了，要是再多生一個，真的無法想像會有多累。

等到孩子三歲的時候，我就說我絕對不要再生了；結果一昭告完，馬上就有人追問我是不是為了貪圖享樂才只生一個。婆婆找到機會就跟我說「你應該要再生個兒子」、我媽媽也勸我幫孩子添個弟弟或妹妹，怕他以後孤單。連在捷運或公車上遇到陌生人都建議我多生幾個，「小孩有弟弟、妹妹，你就可以放他們自己玩，多生多輕鬆！」、「多生一點，孩子才不會孤單，長大互相也有個依靠」、「傳宗接代本來就是女人該盡的義務嘛！」……好像因為我是一個媽媽、是一個女人，就必須承受這些已經越線的建議，還有幾近於暴力的言語。有人說：「真正的母愛是犧牲。」這句話等於是說：「想當個好媽媽就得承擔一切犧牲。」在養兒育女這件事情上，一般人都覺得媽媽有所犧牲是理所當然，還相當推崇這樣的價值觀，對於女性的個人生活價值則大多不以為然。

認為「帶小孩都是女性的責任」，這種思考方式只會讓女性一直扛著龐大的重擔，不但無法平衡家庭中男女角色承擔的責任，還會加深家人之間的隔閡。結果小孩生得越多，女性就越缺乏閱歷，也離自我成就越遙遠。即使我們

並不想捨棄自己的人生，婆婆、媽媽這些女性長輩又會逼我們不得不成為一個懂犧牲自我的人。很多不平等的觀念，就是在眾多女性一連串的犧牲下建構出來的。

其實如果想提振生育率，不能只是硬性規定要女性多生，而是要改善整體育兒環境，從社會制度、設備等等開始改善。法國在一九九〇年代之前，是非常有名的低生育率代表國家，他們的政府很早就意識到問題所在並開始修法，用法律作為後盾支持女性回到職場工作、將小孩托給別人照顧。後來一步步改善政策，讓父母可以免費將學齡前的小孩送到幼稚園；選擇不上幼稚園的孩子，政府也做了配套措施，提供育兒津貼、縮短法定上班時間等等，讓女性有餘力照顧家庭。

此外，法國政府反對任何形式的歧視，並積極推廣這樣的理念，逐步讓大家意識到男女雙方應該一起帶小孩、一起做家事，共同承擔家庭與職場的責任。結果，法國整體的平均子女數從一九九〇年每戶一．六名，上升到現在的二．〇八名。在「小孩女人生，社會一起養」這個標語下，法國不斷強調國家對於生產、育兒的責任與角色，他們所付出的努力也得到了顯著的成效。

台灣與韓國正面臨相似的情況，因為低生育率而衍伸出的問題越來越嚴重。為此，韓國政府已經開始籌備相關法案，像是「女超人防制法」＊（編註：又名「各階段育兒政策配套措施」，延長夫妻雙方產假和育嬰假、提高薪水補助，讓夫妻共同育兒。另外在育嬰期也可以自由調配上下班時間）、或是讓夫妻共同育兒的法律等，擴大經濟補助範圍，進行全方位的調整。不過，目前社會上普遍還沒有共識、補助的資源也不夠充足，所以孩子越多，媽媽的生活依然會被沉重的義務、犧牲與責任壓得喘不過氣來。我深深地覺得，由全家人一起教養下一代，整個家庭也才能一起變得幸福。

不要被社會束縛，我的家庭型態我決定

第二次世界大戰時期人力嚴重不足，許多國家開始提倡結婚生子、強調家庭主義，出現了一波嬰兒潮。結果到了一九五〇年代，美國每戶平均子女數高達五～六人，在這股驚人的生育潮之後也帶來了人口暴增。但是進入二十一世紀之後產業型態轉變、勞動人口需求銳減，全世界紛紛提出人口減量政策。一九八〇年代，中國實施一胎化政策，韓國則喊出「一個孩子、祝福更大」的

口號，強調獨生子女更能擁有父母的期待。時間再回到現在，為了解決近年來低生育率的問題，整個社會又提出許多鼓勵生育的口號及政策。這裡先不談到底該生一個還是生好幾個，我只是想提出一個觀點：「家庭型態還有人數的變化，都會被當時社會的需求、價值觀和政府立場影響」。

我也再次反觀自己，我個人的家庭生活型態，也要像追流行買衣服一樣，跟著社會上的潮流來選擇嗎？**「生養小孩重要，還是兼顧育兒及個人生活重要？」這件事，不該被周圍的壓力強迫著做決定。**我和我的另一半才是生活的主角，應該從自己的立場出發思考。夫妻想生兩個，就一起考慮這對於現在和未來生活是不是最好的選擇。這是一種「選擇」，而不是「義務」。

而我，選擇了只生一個。

生一個孩子比兩個輕鬆

一九六〇年代，韓國有句家庭計劃標語說：「隨便生小孩，全家變乞丐。」我覺得現在也需要這句標語。這一代的年輕人，由於大環境的經濟條件惡劣、找工作困難，很多人書念完就繼續窩在父母家中啃老，甚至不想談戀愛、放棄結婚。已經有小孩的父母也都因為扶養和教育的經費負擔太沉重，而不敢生第二個。

韓國育兒政策研究所提出一個問題：「成為好父母的絆腳石是什麼？」除了親子世代差異、父母權威式的態度、和子女相處時間不夠之外，大多認為最大的絆腳石就是「經濟能力」。因為父母在經濟上提供的支持，會大大改變孩子的夢想與人生。長輩常說：「兒孫自有兒孫福。」不過現在已不適用。

二〇一〇年，韓國保健福利部指出，扶養一個孩子到念完大學，平均要

花四億韓幣（折合台幣約一千一百五十萬。依據商周財富網二〇一六年資料顯示，台灣一個小孩從出生養到大學畢業，含補習等費用約為台幣五百萬元。），其中包含了從出生到大學畢業的學費、生活費等一切開銷。現在距離當時又過了九年，想必金額只增不減。如果夫妻原本是雙薪家庭，有了小孩之後，其中一方還可能要辭職、或縮減上班時間回家帶小孩。若連這些機會成本都算進去，教養費用就會更驚人。

一個孩子，負擔比較小

家裡有很多小孩，教養費就必須平均分配；如果只有一個小孩，就能集中投資，給孩子更有品質的教育環境。我的產假結束之後，沒有人可以帶孩子，所以我請了一位保母照顧，一直到孩子上小學。身旁朋友都覺得請保母專門照顧的費用太高，勸我送幼稚園就好。幼稚園一位老師，一次要照顧班上十五個小朋友，相較之下，保母一對一的全心照顧更能讓我放心。既然都是要由別人幫忙帶，我還是希望能給他最好的教育品質。

要是我有兩個小孩，可能就很難這麼做。此外，像是運動、音樂、美術、旅行等各方面，我也會幫孩子找到他喜歡、擅長的事。孩子上小學之前，我工作之餘都會跟他一起學東西、參加活動，有很多共同相處的時光。老公沒辦法一起參與時，我也會跟小孩兩個人單獨去約會，輕鬆地到戶外散散步，或是在週末去農場、度假村、民宿玩，甚至出國旅行。要是帶兩個小孩，這些我根本想都不敢想；但因為只有一個，所以經濟負擔不重，選擇性也較多。

因為只有一個，所以孩子在選擇未來時，父母也會輕鬆得多。舉例來說，我可以供應孩子出國留學、去追求他的夢想；但如果有好幾個孩子，可能就沒有那麼容易了。**父母能給孩子多少心靈上、經濟上的支持，會決定孩子敢不敢擁有偉大的夢想。**這時代很難憑一己之力就超越環境限制一飛沖天，天才如果沒有機會可以發揮，他的天才特質也會逐漸被磨平。反過來說，原本不是天才的人，也會因為完全擁有父母的關心和經濟支持而能夠一展所長，不論是夢想或未來都能走得更高、更遠、更遼闊。

不想讓體力和財力透支？獨生子女是必要選擇

近年來男性一起分擔家務的比例，相較於過去已經增加了許多，以雙薪家

庭為例，男女雙方都需要上班工作，照理來說家務事應該也要平均分攤。不過現實中還是有很多女性必須獨力承擔所有家務和生活大小事，甚至出現了「偽單親」的情形。

勞動部二〇一七年的資料顯示，雙薪夫妻平均做家事的時間，女性是三小時二十分鐘、男性則是三十七分鐘，女性花的時間幾乎是男性的五倍。*（編註：台灣行政院主計處二〇一七年統計，女性平均一天做家事三小時五十分，男性則是一小時十分，女性約為男性的三倍之多。）一位同時帶好幾個孩子的媽媽對我說，養小孩不是像數學公式那樣，生兩個孩子事情就乘以二、生三個就乘以三那麼簡單。

我以前也覺得家事、教小孩都是我的責任，每天都是我負責餵小孩、洗澡、哄他睡覺、念故事給他聽，甚至連看醫生、找補習班、參加學校教學觀摩、運動會等等，只要跟孩子相關的事都是我一手包辦。小孩半夜不停哭鬧，老公也不會處理；請他幫孩子洗澡，他都說孩子太小他不會洗，先生總是站在「幫忙」的立場，並不覺得自己也有責任。剛結婚的時候我們常為了這些事爭執，結果卻沒有任何改善。老公覺得家務事都是「女生的責任」，男生是家裡的經濟支柱、要在社會上打拼，當然要優先處理工作。萬一在這種情況下我還要帶兩個以上的小孩，體力和財力絕對會透支。假設老公願意一起分擔，社會上也有足夠的資源讓我可以安心帶小孩，事情也許會有所不同，但現實並非如此。

爸媽要先幸福，小孩才會幸福

根據統計，雙薪夫妻中認為「家事應該要共同分擔」的人占了53.5％，比例超過一半；但其實真正會一起分擔家事的人卻不到17％。絕大部分的女性實際上都必須負責所有家事，這也讓媽媽們更沒時間照顧孩子。尤其身邊沒有人可以幫忙的話，要上班還要自己帶小孩，絕對會吃不消。

每個孩子都希望有一對一的陪伴，媽媽卻只有一個人，時間和體力根本不夠用。有個朋友帶兩個小孩，他說自己不只要處理生活大小事，還要注意不要對孩子偏心，真的很不容易。尤其在兩個孩子彼此比較、爭吵的時候，媽媽還要居中調節，非常辛苦。

一個人的時間和精力都有限，如果想獨自承擔所有事情，很容易就會身心透支。媽媽們在心煩氣躁的情況下，連照顧小孩、面對先生和工作職場都很辛苦，當然無法顧及個人生活。這樣的惡性循環根本不可能帶來幸福人生，反而容易讓人陷入憂鬱深淵。想必有很多小孩的媽媽，都曾經對孩子大吼過吧？那些大吼聲中，又累積了多少獨自壓抑的煩躁和無人了解的痛苦呢？

我有一個朋友，他的婆婆在他連生兩個女兒後堅持要他再生一個兒子。他一想到以後的學費、嫁妝、聘禮，就覺得看不到未來。為了照顧家人，他絲毫沒有可以喘息的空檔，連買件漂亮衣服來穿的時間都沒有，美好青春年華都奉獻給了家庭。他總是跟我說，要是當初只生一個，他也能過得更舒服自在吧！

就算成了父母，也需要個人的生活，保留足夠的時間和金錢給自己，因為要擁有良好的身心狀態，也才能綻放笑容擁抱孩子。不僅是爸爸、媽媽，任何一個人、任何一個女性，都應該花時間和金錢投資自己、努力獲得自我成就。懂得尊重自己、愛自己，也才能掌握幸福的根源。

如果不想犧牲任何人、又希望所有人幸福快樂，在子女數上就要做出最適當的選擇，小孩也才會幸福。前美國總統亞伯拉罕・林肯（Abraham Lincoln）說：「我不曾推行一項可以適用於所有時期、所有地方的政策。我不過是努力推行那時最合理的政策而已。」身為一個想活出自我的女性，我從選擇生一個孩子開始。

幸福爸媽的幸福小孩

我們來設想一個情境題吧！假設爸媽跟孩子在搭飛機途中遇到緊急突發狀況，氧氣供給不足的時候，應該先讓誰使用應急的氧氣罩呢？是先給小孩、還是先給大人？正確答案是爸媽自己要先戴氧氣罩，之後再幫同行的孩子戴上；要是大人無法確保自己的安全，就更不可能照顧到小孩。

同理可證，身為父母沒有先把自己照顧好的話，當然沒有餘力再去照顧另一半、照顧家庭。成為一個好父母重要，但「照顧自己」也同樣重要，先懂得愛自己、讓自己活得幸福，孩子看見我們的樣子也會跟著效法。照顧自己，其實也等於照顧孩子。

第一個該愛的人是「你自己」，而不是孩子

很多爸媽都會把孩子放在生活的第一順位，但這想法對於上班族媽媽來說，就像是審判女性的紅字*一樣（編註：美國小說《紅字》的主角因通姦罪而被懲罰須於胸前配戴紅字「A」）。如果媽媽為了升遷努力工作，就會被別人質疑沒有盡到母親的責任、沒有照顧小孩；要是努力想當個好媽媽、早點下班，就會被同事批評：「公司就不該找已婚婦女來工作！」當媽媽之後不論選擇什麼，往往都會變成被非議的對象。

媽媽們好像都會面臨這樣的窘境，就是只能在「照顧小孩的生活」和「實現自我成就的生活」之中選擇一個。身旁的人都覺得這煩惱沒什麼大不了，力勸媽媽們以孩子為優先，就在家當個全職的家庭主婦。有人因為孩子在學校沒辦法適應，且學校班導說一句：「雙薪家庭就只能這樣。」便立刻放棄工作、回家當個全職媽媽。相反地，要是有媽媽選擇以工作為重，馬上就會被誤會成自私自利的人。即使是現在，如果想被公認是個好媽媽，就不能考量自己，必須凡事以孩子為優先並帶著犧牲奉獻的覺悟。可是，當媽媽長期忽視心中想要自我成長的聲音，只把全副心力用來扮演媽媽這個角色，最後不僅沒有愛自己的力量，也會失去愛家人的力量。當我們拚命為了心愛的家人而活，某個瞬間回過頭來就會發現再也找不到「自己」，失去了對生活的期盼。

心理學家卡爾・榮格（Carl Jung）說：「在心理學上，對孩子影響最大的是父母未曾實踐的生活。」媽媽看待自我存在價值的那些情緒，會毫無保留地傳達給孩子。在埃里希・佛洛姆（Erich Fromm）《愛的藝術》（Art of Loving）一書當中也出現過類似的內容：「大多數母親都能給予奶，但只有少數的母親能夠給予蜜。為了能給孩子蜜，一個母親不僅必須是一個好媽媽，而且也必須是一個幸福的母親。……母親對生命的熱愛會像焦慮情緒一樣感染給孩子。」研究結果指出，若媽媽在懷孕期間壓力指數偏高，孩子的壓力指數會跟著變高、個性也會比較敏感。如果孩子每天都跟媽媽一起生活，影響絕對更深遠。有哪個孩子會想看到父母總是為了自己犧牲呢？問問孩子最希望從父母身上得到什麼吧！絕大多數的孩子希望父母可以把自己的人生過得更有趣。其實，**孩子們也希望爸媽幸福，期盼能擁有一對懂得愛自己、活出價值的父母。**

愛你自己的最好方法，開發潛在的自己

千萬別忘了，爸媽跟孩子一樣重要，我們也是被爸媽傾心竭力栽培出來的人。我們不希望孩子犧牲自己；同樣地，爸媽也不該只是為了孩子而活，應該是要陪伴孩子生活。德國哲學家梅斯特・艾克哈特（Meister Eckhart）說：「人懂得愛自己，他就能像愛自己那樣去愛所有人；人如果愛別人勝過愛自己，那麼他一定無法愛自己。如果能用相同標準的愛去愛自己及所有人，他就是一個偉大又正直的人。」所以在成為好爸媽之前，要先重視自己的生活，因為真正的喜悅源自於「自愛」，**我選擇從「自我開發」開始重視自己的生活**。

自我開發能帶來成長的喜悅，而努力自我成長的爸媽身上，有著強大的熱情和內在力量。有位媽媽說：「以前我整天帶孩子，累到有一天我發現孩子哭我也不想管，身體連動都不想動，只想丟下一切，我完全失去了自我。於是當我下定決心要找回自己時，開始學習把時間留給自己，去散散步、看看書，後來我跟孩子相處的時間也變得越來越幸福。」當我們為了自己去做一些有建設性的事情時，自然就會產生力量照顧身旁的人。孩子看到爸媽對生命充滿活力的樣子，也會學到生活的態度，並認為：「我也要活得像爸媽一樣精彩。」教養不是寫在說明書上的步驟，只是告訴孩子「你要這樣、你要那樣」；教養是我們展現的生活價值觀，還有生活態度。

可能會有人覺得，媽媽光是要照顧小孩就已經忙到喘不過氣了，還要留時間開發自己，這不是讓媽媽的負擔更沉重嗎？《打破好母親的神話》（Breaking The Good Mom Myth）的作者艾莉森・謝佛（Alyson Schafer）對這點做出了回應。他認為人應該從一個更大的脈絡來看待生活，並提到：「女性不該被『媽媽』這個單一面向的角色束縛，要把整張人生藍圖攤開、用更大的格局去檢視。當我們懂得照顧好自己、珍惜跟別人之間的關係、認定自己的價值，並且朝向目標邁進時，家庭中自然也會更充滿生命力。」美國脫口秀天后歐普拉・溫弗蕾（Oprah Winfrey）也說：「要為了自己重新充實自己。覺得自己沒時間這麼做的人，就像是在說：『我沒時間給自己，也沒辦法為自己而活。』要是沒辦法為自己而活，那我們存在於這世界的理由又是什麼呢？」

我發現身邊有些媽媽會把自己喜歡的事當成工作，用這種方式肯定自己的生活。有位媽媽對天然染色很有興趣，還學過怎麼做衣服，做完的成品他都會上傳到部落格跟大家分享。後來有人建議他可以把作品拿去賣，於是他開始經營起小生意。一開始先生覺得他這些興趣花錢又花時間，不怎麼支持；不過時間一久，先生發現太太越來越開朗、幸福，所以也慢慢能接受並給予支持。

成為孩子心目中的理想爸媽

孩子越大、開銷也越大，這時要兼顧親子教養和自我實現這兩方面，就需要一些訣竅。我只養一個小孩，不過在抓預算時我都會當成我有兩個小孩，每件事都算兩份的錢進去。我會先投資小孩想學的東西，有多的預算再拿來學我自己平常有興趣的事，彷彿跟小孩比賽、一起享受學習的樂趣。有時候我會買東西送給自己或獨自去旅行，讓自己充電，找回愛小孩、愛老公的力量。我不想當個犧牲奉獻的媽媽、讓小孩很有壓力，而是希望懂得在學習與工作中自我成長、懂得感受並享受生活價值。我為了擁有這份成就感選擇當一個上班族媽媽，我從來不會覺得內疚或抱怨家人，反而很肯定並享受自己的生活。

英國評論家約翰・羅斯金（John Ruskin）說：「人生不是流逝而過，而是充實的過程。應該用我所擁有的去填滿它。」我想用成長的快樂填滿人生，如果當下很疲憊，我就會先休息、睡個覺來恢復狀態，然後再透過閱讀或旅行充實內在。我會看整體狀況評估自己需要什麼，也在實踐的過程中獲得滿足。

我覺得我的工作是世界上最有趣的事。每個人都應該選擇自己喜歡的工作去獲得成就感，而不是為了被社會認同去拼業績或求升遷。可以有獨創性的生活方式、培養自己的興趣、或是去當義工服務社會也很好，重點就是不要單純只是「工作」，也要讓自己擁有自我成長的快樂和幸福。這些都是提升自己的原動力，也是肯定自我的生活基礎。如果想在生活中培養出影響範圍無遠弗屆的「肯定力」，建議你立刻開始去做自己喜歡的事。

每年的一月我會開始做計畫，看看一整年要做些什麼。如果去年已經做了跟工作有關的研究，我就會把今年當成休息的一年，規劃些休閒活動，像閱讀、聽音樂、看電影、逛博覽會等等，讓自己做一些之前沒辦法享受的活動、調節生活平衡。我會考量自己的狀況，訂出實際上可以持續執行的計畫，並下定決心絕對要做到，也會注意不讓自己累到透支，這麼一來我也不會把心力過度集中在小孩身上。跟孩子保持適當距離，親子關係反而會變得更自然。其實這就像是遇到緊急狀況，父母要先幫自己戴上氧氣罩一樣。**先透過自我開發愛**

自己、懂得重視自我價值，自然就能活出成就感並成為最棒的父母。

爸媽沒有那麼難當

選擇生一個孩子，讓我有餘力可以照顧自己的生活、有時間和經濟能力投資自己想做的事，也能減少教育費用的負擔。身為母親的幸福、我自己個人的幸福都同等重要，所以在多方考量之下我選擇生一個。同時我也不斷研究怎麼做事更有效率，讓自己可以兼顧工作和家事，更遊刃有餘地陪伴小孩。在時間和費用上，我會配合孩子的成長期做分配，家事我也會不斷摸索出最輕鬆省力的方法完成。像我這樣的上班族媽媽擁有一兩項自己的生活態度，就能逐漸成為一個好媽媽、一個成功的社會人士。**好好栽培小孩不只是「好好養他」，而是要「做好榜樣」**。想讓孩子看見我們的幸福微笑、重視自己並愛自己的樣子，第一件事就是衡量自己的能力，然後選擇要有幾個孩子。我選擇生一個，確保我自己可以一直把媽媽這個角色扮演好，也讓孩子看見好的榜樣。

有兄弟姊妹，更容易讓孩子感到孤單

最近，自己一個人跑去看電影的人越來越多。獨自吃飯、獨自小酌、獨自看電影、獨自旅行開始流行起來，年輕一代也慢慢能接受做什麼都可以「獨自一人」。不過，自己一個人去旅行、一個人在餐廳吃飯……一個人，還是需要比結伴同行有更大的勇氣。尤其韓國社會非常注重人際關係，單獨行動很容易被人誤會是獨行俠，或人際關係有問題，到現在大家還是對「單獨行動」有負面印象，而這樣的觀感也常被用在獨生子女身上。

社會觀感就是這麼有趣，看到有兄弟姊妹的小孩自己一個人的時候，只會單純覺得：「他弟弟妹妹跑哪去了？」要是看到獨生子女自己一個人，就會認為：「他沒有兄弟姊妹耶，好可憐、好孤單。」連獨生子女的爸媽自己也會擔

心孩子缺乏社會能力而被欺負、霸凌。整個社會在有意識或無意識中，都對獨生子女有著負面的刻板印象。

孤單不是因為「有沒有兄弟姊妹」

我們什麼時候會覺得孤單呢？在字典裡查「孤單」這個詞的解釋是：「單獨無依、人單勢孤，力量單薄。」光看這個解釋理所當然會覺得獨生子女一定很寂寞。那我們再來看看這個說法，可能就不會這麼想了：「人是社會性動物，當經歷無法與他人溝通的情況時就會感覺到孤單。」所謂的「孤單」並不是指包含數字一的物理概念，而是心理上的概念。也就是說，孤單是當人遠離人群、沒辦法從他人身上得到關心或認定時才會出現的情緒。有些人即使有錢、有房、有車、有健康的小孩、有很會賺錢的老公，擁有一切令人羨慕的東西，卻還是覺得空虛、寂寞。這是因為他與心愛的人之間無法真心相待，讓他身處人群中還是會覺得孤獨。小孩也是一樣，**如果不被父母理睬、從心愛的父母身上感覺不到愛，就會覺得孤單。**

教育學家馬可（Marco）以兒童和青少年為對象，研究他們覺得悲傷、不幸時，最能安慰他們的人是誰。調查結果依序是媽媽、爸爸、朋友，他們也最希望能從這些對象身上得到安慰。孩子永遠愛爸媽，也最希望可以跟爸媽建立深刻的關係。大多數能克服困境、在社會上成功的人，他們的共通點就是從爸媽身上得到了足夠的愛。可以說，爸媽付出愛的強度會決定孩子會不會感到孤單。雖然孩子之後可能會有兄弟姊妹或朋友關係，但唯有從爸媽身上，孩子才能感受到無條件付出的愛；而孩子會覺得寂寞，也是因為情感上沒有在親子關係中得到滿足。反過來說，如果孩子從父母身上得到專注的愛，就會相信在任何環境下愛與關心都不會消失，而這份信心也會讓他們不覺得孤單。

有兄弟姊妹更疏離、更畏縮

由於過去的時代兄弟姊妹多到父母無法一一給予關心，孩子可以理解父母為什麼沒辦法關心自己，然後依照特質各自長大。不過最近的父母大多只生一兩個、最多三個，所以無可避免地會爭著想得到父母的愛。小時候，父母對孩子來說就像是自己心愛的人，**當父母更關注、更偏愛表現好或長得好看的其他兄弟姊妹時，孩子就會覺得自己被忽略而變得畏縮。**這時如果父母對自己少笑

一次，或是開始拿自己跟兄弟姊妹比較，孩子就會覺得父母不愛自己、不關心自己。這情況持續下去，孩子心裡的角落就會覺得空虛、難過。因為人從一出生開始就會有非常強烈的欲望想占有父母的愛。

日本精神科醫師岡田尊司在《我為什麼跟兄弟姊妹不合？》（きょうだいコンプレックス）這本書中，把兄弟姊妹稱為「永遠的競爭者」。原本認為爸爸媽媽只看著自己、愛著自己，在某天弟弟妹妹出現之後，當哥哥姐姐的就被要求要禮讓、要與他們好好相處，這時還需要被保護、被關愛的孩子就會認為原本在自己身上的關注被弟弟妹妹搶走了，覺得難以忍受。這對他們在精神上的衝擊，嚴重程度就像先生帶小三回家，還要妻子跟小三好好相處一樣。如果父母教養方式出錯、把關愛都留給其中一方，另一方的孩子心中就會產生嫉妒、自卑感，和被害意識。

兄弟姊妹之間的競爭，從旁觀的角度來看會很明顯。有的哥哥因為弟弟獨占了父母的愛，心生嫉妒而欺負弟弟；也有妹妹因為父母只照顧生病的哥哥，結果到青春期就變得非常叛逆。兄弟姊妹之間的衝突，往往都是為了占有父母的愛而開始的。小說家奧斯卡・王爾德（Oscar Wilde）怕媽媽的愛被哥哥搶走，做出各種奇怪舉動和不當行為想引起媽媽的注意。也有些人跟他相反，反而是為了讓父母看見自己好的表現而逼自己成為一個「乖小孩」。兄弟姊妹之間為了擁有父母的愛而相互競爭，這不論在何時何地都是一項難以解決的課題。

別讓孩子覺得自己「得不到愛」

都說「十指連心，沒有哪支手指咬下去不痛」，但其實大拇指和小指痛的程度不一樣。父母也是人，對每個子女付出的愛不可能完全一樣。有個女性朋友生了兩個女兒，大女兒的長相、說話語氣，甚至連吃飯習慣都跟先生一模一樣；二女兒則跟媽媽是同一個模子印出來的。如果那天他跟先生吵架，連帶看到像先生的大女兒也會生氣。明知道自己不該這樣，卻多少還是會把氣出在孩子身上。孩子知道媽媽的想法，所以在媽媽面前總是畏畏縮縮，但只要媽媽一不在就會把妹妹弄哭。媽媽看到又會覺得像是先生在欺負自己，變得更加生氣。當他說「我大女兒沒那麼漂亮」的時候，很明顯地表達了他心裡的想法。

像這種情況，**孩子沒有從父母身上得到愛就容易有挫折感，得不到愛的感覺也會讓孩子產生自卑感**，最後就會害怕在公開場合展現出自己。對其他人表現愛、兄弟姊妹間緊密的手足愛，還有和朋友之間的正向關係等等也都是如此。如果在這些親密關係中，為了得到愛而一味貶低犧牲自己，或反過來總是凌駕於他人之上，關係就容易出現不對等。德蕾莎修女（Mother Teresa）說：「最大的貧窮是孤單、沒有愛。」一旦有了兄弟姊妹，孩子就會為了父母有限的愛和關心而出現競爭關係。

從另一方面來說，獨生子女可以充分得到父母的愛，不用擔心被拿來跟兄弟姊妹比較，可以對父母說出自己的心裡話，也可以抱怨學校有誰欺負自己。當父母真心聆聽孩子說的話時，孩子在情感上就會產生溫暖的滿足，更懂得自重，也不會覺得孤單。

不論獨生子女或有兄弟姊妹的子女，都絕對需要父母的愛，並不是有了兄弟姊妹，父母的愛就可以少一點。所有小孩對愛的需求都要達到一定的量，孩子越多，父母的角色就要扮演得越好。

「永遠站在你這邊」，成為孩子最忠實的支持者

為了研究孩子一個人玩會不會覺得孤單，專家們在幼稚園進行了一項觀察

實驗。他們把一個人玩的小孩分成三類：第一類的孩子，原本所有小朋友都一起玩，後來大家對新的東西感興趣而跑到另一個地方時，他卻依然投入在自己的遊戲中。第二類的孩子，雖然朋友們都跑到另一個地方，但他覺得自己要負責把剩下的事情做完而繼續做。第三類的孩子則是在朋友離開之後自己一個人留下來，有點孤僻、很難靠近其他小朋友。

孩子自己一個人，不表示他們都跟朋友合不來，有些孩子反而會在獨處時更專心做自己的事。懂得尊重自己的小孩比較不會意識旁邊的人，他們會專注在自己喜歡的事情上，不受到其他人的影響。這種類型的小孩越是自己玩，就越懂得尊重自己。

想了解孩子的個性取向時，可以先觀察他一個人玩的時間比較多，還是跟朋友一起玩的時間比較多。如果他一個人玩的時間比較多，就再進一步看他自己玩的過程中有沒有遇到困難。

有沒有兄弟姊妹並不是讓孩子覺得孤單的主要原因。**「相信爸爸媽媽絕對愛著自己、無論何時都不會看輕自己、永遠站在自己這邊」，擁有這樣信念的小孩反而能專注在自己感興趣的事物上。**他們自己玩的時候甚至會忘記自己是

一個人，因為完全投入其中而感受到幸福。所以從我們父母開始，先丟掉「自己一個人會很孤單」這樣的負面偏見吧！

「孤單」跟「無聊」是兩回事

大家有時候會把「孤單」和「無聊」的概念搞混，誤把無聊當成孤單。我們來釐清一下：「孤單」是指獨自一人，沒有可以倚靠的人事物時，心裡覺得寂寞的內在情緒；而「無聊」則是沒有事情可以做，覺得很煩、很枯燥，對所有人事物都提不起興趣。

為了讓孩子覺得生活很有趣，外出時我會在包包裡事先準備一些畫畫用具，或是書本、皮球、小圓球、編織線等等，帶著這些東西在哪都能玩，在孩子覺得無聊時非常有用。像是去旅行搭車時、排隊等待時的空檔，小孩自己一個人也就可以開心地度過了。

爸媽的角色也會跟著孩子有所變化

整個社會上的競爭氛圍越來越激烈，於是「把子女送進好大學」成了全天下爸媽最擔心的事情，似乎要當一個好爸媽就必須優先考量到子女的教育問題。我很早就下定決心，比起栽培一個成績優秀的孩子，更想讓他成為一個幸福的孩子。不過當真的碰到孩子成績不好的時候，想到所有學生都要面臨升學壓力、搶破頭地擠進一流學校，還是會擔心他的課業。

父母為了孩子的成績著想，就會開始打聽補習班，也可能會認同他們的價值觀，覺得「要先成功才會幸福」。爸媽們一旦開始覺得需要收集、掌握更多升學資訊，心裡也會越來越著急。補教業者早就等著，趁這個機會粉墨登場，告訴你「不能輸在起跑點、提早出發才能成功……」，用各種方法刺激、引導爸爸媽媽們進入早期教育和補習班的市場，讓大家覺得一定要先投資這方面，小孩才能夠成功。

我有一個學妹，他原本決定好要讓小孩幸福快樂長大就好，不過等小孩出生之後，他不知不覺想要的更多、變得更貪心。看到朋友們在臉書、IG放上打卡照、炫耀文，像是「早期教育成功改變了我家孩子的個性」，或是「小寶貝好早就會叫爸媽」……，這種時候父母就會拿自己孩子跟其他小孩比較。

接下來就會開始希望自己的小孩可以比別人更早會走路、會跑，而且擅長念書、運動、唱歌，最好是什麼都精通。尤其我們身為獨生子女的爸爸媽媽，會覺得幫小孩規劃越多，他就會越聰明，於是在各個領域都投注許多精力。要是我們直接幫孩子訂好人生的計畫，當他在過程中覺得辛苦，或是害怕他會失敗就先替他處理好一切，這樣一直由著父母的貪心帶領孩子前進，不僅孩子辛苦，父母也會越來越辛苦。

不要把孩子的成績跟父母的面子扯上關係

大人過度的貪心，只會讓親子關係變得緊張。獨生子女的爸爸媽媽，在照顧小孩的經驗上不但是第一次，也是最後一次，所以更難客觀地看待孩子。我自己是老師，孩子要上一年級的時候，我就去他念的學校任教，當專任的健康老師。一開始看到他聽寫分數都有七十到九十分，我還覺得他很厲害，靠自己的實力就能考那麼好。後來才知道，學校裡的其他爸媽積極到讓我完全望塵莫及，班上的孩子幾乎都是拿一百分，我還曾經耳聞私底下有家長提到我，說：「那個媽媽都不太照顧自己的小孩。」從那時候起我就開始在意他的分數，以前週末會帶孩子到農莊玩，後來都被我抓回書桌前，要他練習聽寫、完成學習單，還要他做補習班的英語作業。一開始他也喜歡跟媽媽一起念書，但時間一久，就覺得什麼事都跟媽媽一起做有點膩。本來孩子每天跟我相處時都笑得很開心，還會一起打打鬧鬧，不知道從什麼時候開始，他只要一看到我的眼神就會閃躲，也越來越常喊說「頭痛」、「肚子痛」，然後躲進自己的房間裡，怎麼樣都不願意出來。

我本來已經決定好，不管身旁的人說什麼，我都會給孩子足夠時間，等他自己感受讀書的必要性，結果我卻又這樣逼著他把書念好。我仔細檢討問題到底出在哪裡，後來發現是我自己討厭聽到有人品頭論足說我的小孩：「他女兒

怎麼怎麼樣了。」

我嘴巴上說想幫小孩養成念書的習慣，但其實我心裡最在意的卻是自己的面子和自尊。為了這個面子，我不知不覺忘記初衷，忘記當初我追求的教育價值是要以小孩的幸福為優先。文學巨擘赫曼．赫塞（Hermann Hesse）這麼說：「我們信仰的神存在於我們心中，無法肯定自己的人也無法肯定神。」因為怕被別人評價，我才會否定自己心中的價值、把孩子的幸福忘到腦後，心裡出現不同的聲音並開始動搖。

不是只有我會犯這種錯誤，我在學校保健室任職期間，就看過很多孩子心理都曾因為爸媽受到傷害。有個五年級的獨生子來到保健室，表情憂鬱地跟我說他頭痛、肚子痛。他沒有發燒卻有各種不同的頭痛，我觀察可能是壓力造成的問題。我讓他做「語句完成測驗」*（編註：一種半結構式投射方法，受測者須把一系列不完整的句子完成，例如，我喜歡……。），結果發現他跟爸爸關係不錯，不過跟媽媽之間卻會同時感受到愛跟憤怒的情緒。

我根據他寫的那張測驗單更仔細地詢問，發現他從小時候開始，每次考試只要有地方寫錯就會被打，而且他整天從早到晚都必須按照媽媽幫他訂好的計畫念書，沒有絲毫休息的時間。他媽媽總是對他說：「媽媽只有你一個了，你一定要好好努力。」一直到四年級前，只要媽媽要求他就會乖乖照做，拿到媽媽期待的分數；可是到了五年級之後功課越來越難，每次考試答錯的也越來越多，他開始恐懼，非常害怕這種再怎麼努力也做不好的狀況。他認為自己沒辦法達到媽媽的期待，只會讓媽媽變得辛苦，他甚至跟我說自己太沒用而不想活。我聽到他的話心下覺得不妙，看他手腕就發現有用刀自殘過的痕跡。像這樣出於爸媽的貪心和獨裁，把小孩逼得想不開的情況屢見不鮮。

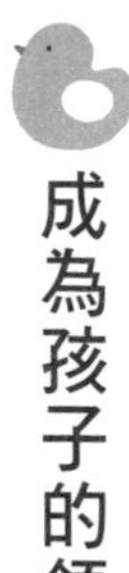

成為孩子的領跑人

教育學家唐諾．溫尼考特（Donald Winnicott）提出：「第一個提供環境促進孩子發展的，就是母親。」同時強調了媽媽的重要性。孩子跟媽媽之間的相處，會形成他在自我及他人關係中的根基。

每次談到人生中對我帶來最大影響的人是誰，我腦中會閃過幾個名人，不過唯獨有那麼一個人總是縈繞在我心裡，那就是我的媽媽。雖然他沒有教導過我特別不同的東西，但無論在什麼時候，他總是能成為我身邊最踏實、最堅定

的力量。不管遇到什麼狀況，他都站在我這邊、不在意別人的眼光，當我遇到辛苦的事或困難時，他也會感同身受、比我更難過。就像這樣，一個媽媽所擁有的價值觀會原封不動地轉移到孩子身上，也會影響小孩的學習能力和社會性發展。

然而，第一次當媽媽的人也是第一次養小孩，沒辦法透過經驗察覺自己犯的錯誤。坊間流傳著一句話：「要是能像看別人小孩那樣看自己小孩，就一定能成功。」不過聽到這句話，讓我沒辦法一笑帶過。教育學家丹・里斯（Dan Riss）說：「提供別人建議時，可以專注在最主要的原因上，不過真正煩惱自己的事情時，總是會因為許多變數不知所措。思考別人的情況時可以看見整個樹林，但真正思考自己的狀況時，卻會卡在樹與樹之間出不來。」意思就是，人總是過於關注瑣碎的枝微末節，錯失了真正重要的事物。

主要負責照顧孩子的人，可能是媽媽也可能是爸爸。那麼對於孩子來說，爸媽真正必須扮演的角色是什麼呢？教育學家亞當・加林斯基（Adam Galinsky）針對嬰幼兒到十八歲成人的爸媽們進行了研究，他發現父母角色不會一成不變，而是會隨著孩子的成長有階段性變化。嬰幼兒時期要解決他的溫飽、要擁抱他、幫他換尿布，滿足小孩本能的需求及欲望；幼稚園時期的爸媽必須成為管教者，告訴孩子什麼可以做、什麼不能做；國小時期則要成為孩子的教育者與鼓勵者，讓他擁有自信，打造讓他勇於挑戰事物的環境。而從國中到高中畢業，爸媽應該要成為參謀協助孩子規劃前途，也要成為諮商者幫助他的情商發展。

打個比方來說，爸爸、媽媽應該要成為一對一、全權為選手負責的領跑員（Pacemaker）。領跑員是在馬拉松或自行車競賽中，與選手並肩同行一定距離的人，通常具備豐富的經驗。由於選手必須進行長距離的比賽，領跑員的角色就是負責在旁邊協助選手調節力量，或是當選手面臨失敗時給他身體和精神上的支持與鼓勵，讓選手能重新振作。

父母身為孩子的領跑人，應該要事先收集資料，了解他每個時期要走的路，一同學習並實際扮演孩子需要的角色。正規馬拉松的全程長度是四十二．一九五公里，不過領跑員一般只會跑到三十公里。這意思也是說，父母能在一定程度上陪伴孩子，卻無法代替他踏入考場、幫他面對考驗。

隨著孩子成長到不同的時期，爸媽的角色也要隨之改變，這也是項困難的功課。好不容易熟悉了一種角色，卻又要加入新的角色時，親子之間就容易出現矛盾，這時候一定要仔細觀察問題出在哪裡。

大多數的問題都出在父母身上，所以當然必須由父母解決。許多家長都會覺得：「他是我的小孩。」而寄予厚望，因此只教了一兩次就覺得他能做得很好。然而對孩子懷有一些不切實際的幻想時，就會搞砸很多事。身為一個媽媽，我每個當下都會檢視自己，反省自己是不是太過貪心、有沒有因為不懂孩子的心而傷害到他。

給孩子自由，不等於隨便放手

父母都認為，比別人更早開始做數學胎教、英語胎教，就能比別人更早到達目的地，對此深信不疑。大家都相信早期的教育投資能讓孩子成功，我也覺得胎教或早期教育效果很好，不過我說的不是國、英、數這種知識能力的投資，而是依據小孩各階段的發展，給予最正確、最適合的教育投資。如果父母按照每個發展階段給予孩子各種不同的刺激，可以有效提升孩子敏感的腦部機能。

世界知名的科學專刊《自然》（Nature）中刊載了匹茲堡大學（University of Pittsburgh）的研究，其中強調了胎內環境的重要性。研究內容指出：「決定人類智商（IQ）的因素，遺傳基因占了48%的角色，其餘的52%則在於胎內環境。充分的養分供給、平靜舒適的內心、徹底阻斷有害物質等，這些傳

統胎教因素對小孩的智商有著龐大的影響。」就像這樣，隨著胎內時期給予什麼樣的刺激與經驗，都會改變孩子的智商數值。

動物是在腦部發展到完成狀態後才出生，不過人類出生來到這個世界時，腦部只發展到成人腦的25％，這是人類與動物之間決定性的差異。動物出生之後腦部不需要任何刺激，但是人類卻不一樣，人類的腦會根據周遭環境而決定其發育的程度。德國某位國王（*編註：十三世紀的費得瑞克二世）曾將育幼院裡的小孩分成兩組進行試驗。試驗中，同時滿足兩組孩子基本的生存條件和需求，而差異在於其中一組完全沒有給予其他任何刺激，另一組則是刺激孩子的五感，藉此了解周遭環境與人類腦部發展的關係。最後，在相同的環境、相同的飲食條件之下，沒有被給予任何刺激的孩子全數死亡。這是一項殘忍的實驗，卻也讓我們了解到環境刺激的重要。腦細胞會根據周遭環境的刺激不斷發育，接受刺激後也會成長，可以做出更高一層次的思考。腦在人出生後三十六個月內會製造出150～200％必需的「突觸」（Synapse，神經元和神經元相接的地方），如果有外部刺激，腦細胞被刺激後就會強化，然而沒有被刺激的腦細胞則會階段性消失。也就是說，腦會進化或是退化，取決於受到什麼樣的刺激。

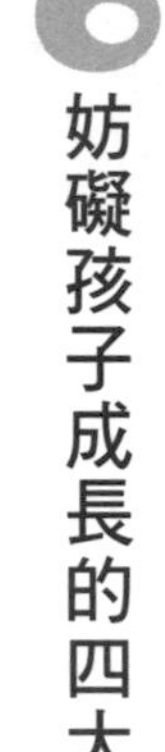

妨礙孩子成長的四大原因

在這個想法基礎上，很多爸媽都會買書或玩具給孩子，滿足他的需求。另外也會為了讓孩子變聰明而時常去旅行，或到運動中心、體驗館、美術館、動物園等地方，達到刺激腦部發育的效果。但有些爸媽心中也會有疑問：「但凡對孩子好的，我統統都做了，為什麼我的孩子還是這也不會、那也不懂呢？」其實在這個疑問中，已經隱含了妨礙小孩成長的原因。

第一，「沒有確實掌握孩子的發育階段，也沒有配合小孩的水準，只是一味地隨著爸媽的貪心與期待，幫他做學前教育」。這裡說的不是指「預習」，不合理的學前教育是指孩子還沒做好準備，就要他學習不符合他水準的內容。例如：要求幼稚園小孩數學能力要好、寫字要寫得好看，要求國小學生背出「數學公式」，或是要求國中生精通「英文的聽說讀寫」，這無異於要求才剛學會走路的孩子練習跑步一樣。

不符合孩子發育階段的學習內容太過困難，孩子容易放棄，也會讓他有挫折和失敗感。教育先進的芬蘭沒有讓幼稚園的小孩學寫字或弄懂數字，他們希

望孩子在小的時候先充分地玩，很晚才開始有數字的教學。我自己也很認同這樣的方式，所以在其他同齡的孩子都在學習《國語世界》、《英語世界》的時候，我每天都會帶著自家小孩往外跑。

第二個妨礙成長的原因，就是「忽視孩子的情緒、身體上的發育特質，只著重跟念書有關的認知教育活動」。傳統父母都有個很強的觀念，就是覺得書一定要念得好，只要看到身旁出現一張單字卡就忙著追問孩子：「這是什麼呀？」還要他把單字背起來。很多爸爸、媽媽只重視國語、英語或數學等等，只把心力放在學校會考的科目上。其實在孩子小的時候，也要一併兼顧藝術和體能，因為經驗上的刺激比知識上的刺激更能讓腦發育完全。尤其小孩到五歲時，腦部已經成形90%，而在五到十二歲之間，更是會依據經驗方面的刺激急速發展。其中，透過身體給予的刺激能有效讓孩子記住。腦細胞會儲存各種不同的刺激和經驗，從國小高年級的年紀開始，腦細胞就會相互連結，逐步發育成具有融合性的腦。如果想教出成功的孩子，就不要只在知識領域栽培他，要給他多樣化的經驗刺激；就像我們只想甩掉手臂上的贅肉，其實也需要全身運動並管理身材。

第三點，是「孩子說無聊就把他丟到 3C 產品的世界」。電視、智慧型手機、平板電腦等無形的小偷，會蠶食鯨吞掉我們擁有的時間。螢幕上刺激性強、不斷快速變換的畫面會降低專注力，同時也會讓腦負責思考的領域速度變慢。沉迷智慧型手機的孩子，他們的腦會跟沉迷毒品的腦一樣，主要負責思考、判斷、記憶的前額葉功能會萎縮。另外，手機上的影片內容刺激性強，成癮性也強，一旦看了就很難戒掉，教育類的漫畫其實對腦的發展也幫助不大。如果把時間投入在傳播媒體上，就會錯過其他能刺激孩子五感的優良體驗，就結果來看，小孩一定會缺乏運動，自我表現能力也會低弱。

第四個妨礙原因，就是「由爸媽主導教育，不讓孩子主導」。例如爸媽買了很貴的票，想帶孩子參觀一場高水準的美術展，不過孩子實際上在美術館裡看到的卻只是所有大人的腳。雖然爸媽想給孩子更多元的刺激與經驗，但不應該強行把孩子塞進爸媽的興趣裡，應該要反過來配合孩子極度喜歡的東西，給孩子適合的經驗和刺激。

營造環境，幫助刺激孩子的五感

為了搭配孩子的發展階段，讓他接觸不同刺激、累積豐富經驗，我第一個做的就是營造環境，讓孩子跟大自然建立親密關係。孩子小時候，我們住的地方附近一定會有假日農場和公園，讓小孩常有機會接觸泥土、青草，隨時可以在那些地方自由地跑來跑去。如果孩子覺得無聊，我們就會在家門前的公園溜直排輪或騎自行車；偶爾我也會帶小朋友一起去滑雪、打球、跳繩，享受運動身體的樂趣並舒緩壓力。還有，我帶小朋友到假日農場玩的時候，一定會讓他摸摸辣椒、南瓜等植物，並自己親手摘下來，透過各個感官感受大自然。我們會沿著小路散步，在山腳下喝潺潺流出的山泉水，在附近運動；也會牽著孩子的手在小溪旁溜達，聊些很瑣碎的事，像是周圍的樹有什麼變化、天空看起來怎麼樣等等。我們一起關心大自然，天南地北什麼都可以說。

另外，我也會透過旅行給孩子刺激，可以一次同時享受走路、玩耍、聊天、吃飯等樂趣的活動，絕對非旅行莫屬。通常我們會一家三口一起去旅行，老公太忙的話，我就會跟小孩兩個人自己去，或是讓孩子跟一些同年齡的親戚結伴出門。旅行的時候，我最注意的就是不讓我成為主角；還有我不會要求一定要多看、多學些什麼，我更重視整趟旅程中的純粹享受。我挑選地點時不會先找大家常去的旅館或度假村，而是會優先選擇一些特殊性高、可以體驗不同事物的地方。像是可以自己挖地瓜和馬鈴薯烤來吃、或是旁邊有釣魚池的民宿；可以看到海螺和海星，還可以去撿貝殼的海邊民宿；晚上可以用望遠鏡看到夜空繁星點點的民宿；或是有搭建像蒙古人日常住的蒙古包（Ger）的民宿等等，這些不僅對孩子，對我來說都是一種嶄新的體驗。

偶爾我也會為了遇見不同的人，加入別人的團體搭伙旅行。週末則會跟朋友、家人一起去露營，或是去住親戚家。如果我學校有研習活動、沒辦法在寒暑假陪孩子到處玩，我就會送他到紐西蘭或菲律賓的朋友那裡參加英語營。這不是老生常談，是因為我真心相信孩子在這些經驗中可以變得更茁壯。

韓國作家鄭賢秀曾說：「旅行是一種起身的閱讀，閱讀則是一種坐著的旅行。」我會把書中的內容跟孩子過去的經驗連結起來，讓他產生好奇心。好奇心不是教出來的。如果他到農場體驗過摘辣椒，接著我就會跟他聊聊辣椒的長相和顏色，而當孩子實際上在摘辣椒的時候，我也會問他有什麼感覺。此外，也會告訴孩子我自己跟辣椒有關的經驗，陪他一起看跟辣椒有關的童話書，讓他感受到一步一步了解事情的樂趣。

隨著小孩成長而變身的角色設定

育兒方式也要隨著小孩的發育階段改變。孩子出生時要充分擁抱他；等他二～三歲時要保護他、讓他自由活動；他上幼稚園的時候，要透過遊戲給他刺激；國小時期要指導他基本的生活習慣，在這之後則要幫助他找到自己的夢想。也就是說，**爸媽要配合孩子不同的成長時期改變自己的行動，讓孩子經歷多樣化的刺激和體驗**。

對於獨生子女來說，父母呈現在他眼前的環境就是世界的全部，大人**不能隨意放著孩子不管，還稱作是給他自由**。教育學家們指出，獨生子女除了能從爸媽身上得到很多愛之外，相對地也會得到更多文化教育上的資源，讓孩子情感豐富、個性堅強，並具有創造力。透過父母而來的各種刺激，就像是在蓋房子前打好地基一樣，是孩子成長過程中絕對必要的過程；這也會成為孩子熱忱的燃料，讓他在生活中有所追求、有所成就。

獨生子女的教養課題

近年來，韓國社會非常流行「Friendy」*這個單字，（編註：Friend + Daddy，指像朋友一樣的爸爸），很多人自封為女兒傻瓜、兒子傻瓜，電視節目和各大媒體上也常常可以看見爸爸充滿愛地跟孩子玩在一起的樣子。

現在的大人們，很多在過去都是被父母的權威式教育教出來的。可能是想要彌補自己的童年時期，現在的家長都會花很多時間陪伴孩子，無微不至地照顧他們。

然而有些父母親，對於僅有一個的寶貝孩子過度寵愛，即使孩子做出不對的行為也只是放任、寬容。有人看到別人的小孩在餐廳裡追逐嬉戲，就會大皺眉頭、覺得他很沒有禮貌；但要是換成自己的小孩，他就會覺得情有可原、無限度地包容。還有些爸媽不管孩子說什麼都一味接受，讓孩子成為家庭的生活重心，像是指揮官一樣指使家人，這樣的現象真的隨處可見。

成為孩子的朋友和兄弟姊妹吧

如果讓孩子變成家庭的重心，他就會養成習慣、常常做出自私的舉動。因為已經習慣自己只要想要就一定能得到，所以在同年齡的朋友中也都會把自己擺第一。

這樣的孩子會變得如何呢？應該要一起玩、一起分享的玩具卻只是自己霸占，做任何事情都要當第一個，連班上老師的愛都想一個人獨占，覺得自己的主張都是對的，想要的東西就一定要拿到手。還有些孩子，只要自己沒有被選為第一名，就會生氣、大吵大鬧，追問老師：「為什麼不給我第一名？」怒氣沖沖地離開自己的位子跑出去。

這樣的孩子不用說要顧慮、考量別人了，他們只會爭取自己的利益而已。因為他們沒有被拒絕的經驗，所以只要跟自己心意不合就無法理解。他們會認為世界都是為了自己存在、父母給的一切都是理所當然，很難懂得感謝。在這種狀況下，父母基於想當個好爸爸、好媽媽的心態所做的付出，反而成為了孩子的毒藥。他會覺得自己什麼東西都可以拿，也可以主宰一切，變成不折不扣的小皇帝，最後淪為誰也管不了、連自己也控制不住自己的人。讓孩子習慣無限度的愛，就跟讓他習慣吃甜食，結果變成蛀牙一樣。如果在生活中都讓他要什麼有什麼，不懂得照顧或尊重其他人的話，他就會變成大家都討厭、一看到就想避開的那種自私鬼。

這並不是專指獨生子女。獨生子女並非就一定不懂，或學不會手足關係；想讓孩子懂得照顧別人，父母就要幫助他，讓他擁有社會能力。小孩很多的父母只需要扮演好父母的角色即可，不過**獨生子女的父母除了要當父母，也同時要扮演孩子的朋友或兄弟姊妹**。孩子有不對的行為時，父母要拿出父母的權威指正孩子；有時也要成為孩子的朋友，教導孩子如何處理社會關係，這一點也非常重要。

帶領孩子學會處理同儕間的平等關係

俄亥俄大學（Ohio University）的道格拉斯·道尼（Douglas Downey）教授，

利用美國青少年健康研究資料，以一萬三千名孩子為對象，調查他們兄弟姊妹之間的手足關係以及社會性關係。研究中要求孩子列出朋友的名字，看他們最多可以列出幾個。

幼稚園的小朋友中，獨生子女口頭列出來的朋友數目比有兄弟姊妹的小孩來得少。不過從國小時期開始，差異就會縮減，年級越高差距就越小，到後來獨生子女和有兄弟姊妹的孩子之間幾乎沒有任何差別。美國的心理學家蘇珊·紐曼（Susan Newman）說：「獨生子女會藉由父母計畫性的教育、多樣化的活動，在文化中心或幼稚園這些環境接受社會化的教育；在國小裡也會密集地學習怎麼照顧別人，這是孩子們在社會能力方面不會落差太大的原因。」

那麼父母在日常生活中該怎麼做才能成為孩子的朋友呢？**父母必須完全把自己放到跟孩子相同的年齡水準上，跟孩子變成平行的對等關係**，這樣孩子自然能瞭解怎麼退讓、分享、照顧別人、跟其他人共同合作，以及學會調節衝突等等，這一切的開始就是要讓小孩懂得讓步。

有些人可能會覺得這樣對孩子太冷酷無情，不過如果想教導孩子，讓他擁有正確的朋友關係，就必須平等地對待孩子，甚至做到連自己都覺得有點殘忍的地步，透過這種方式告訴孩子什麼叫做「平等」。我跟孩子在玩遊戲的過程中會出現競爭關係，孩子也會主張自己的意見，當我們意見不一樣時，我就會讓孩子學習如何調整自己，以及處理雙方關係的方法。

除此之外，我也會讓孩子遵守大家共同建立的規則，如果孩子跟其他人產生衝突、矛盾，我也會讓孩子試著自己解決。偶爾我還會營造一些環境，讓孩子放棄自己原本擁有的東西。藉由這些經歷，我想讓孩子體會：「我自己的情緒和要求很重要；同樣地，別人的情緒和要求也一樣重要。」也讓孩子擁有感同身受的能力。

陪小孩一起玩的時候，大人最常犯的錯誤就是會突然在某個瞬間回到爸爸媽媽的角色，指示小孩做這、做那或是主導一切的發展，這樣孩子就無法學習到原本應該在朋友關係中學會的平等關係。我會用各種不同的角色遊戲、比賽、體育遊戲跟孩子競爭，適時地贏過他或輸給他，用這方式告訴他世界上不是只有甜頭而已。

不過，要是孩子失敗太過頻繁，反而會讓他一直陷在挫敗感中，所以我會用八：二的比例讓孩子贏得多一點，不僅在他贏的時候稱讚他，在他輸的時候

也肯定他付出的努力，並鼓勵他再挑戰一次。另外，當我喜歡的東西、想做的事剛好別人也很想要的時候，我會讓他看見我怎麼處理，讓他懂得有同理心可以站在別人的立場上予以妥協。

獨生子女的父母同時處在親子之間的垂直關係，以及朋友角色的水平關係當中，要抓到平衡並不容易。

我自己也常在樹立權威和建立親密感的界線上來來回回，因為上班、跟孩子分離一整天時會覺得愧疚，然後就很想滿足孩子的所有要求。每當這種時候我都要用力拉回自己的心，因為我知道這樣的行為對孩子沒有任何好處。當我和孩子已經轉回像朋友一樣、可以考量彼此的平等關係之後，如果覺得我們之間缺乏了一些親密感，我就會說一些溫暖的話、跟孩子間有一些親密的肢體接觸並擁抱孩子。

告訴孩子，爸爸媽媽也需要被尊重

我第一個想教孩子的，是「缺乏」這件事。即使我有足夠的能力可以買給他好吃或對他好的東西，我也會努力節制，怕一個不小心就讓孩子覺得什麼東西都是自己的，所以我常告訴他，不僅要懂得跟爸爸媽媽分享，也要學習跟其他人分享。吃飯時，我會把東西跟所有在場一起用餐的人分享，也會讓孩子拿玩具跟隔壁鄰居的小孩一起玩。就連幫他買衣服的時候我也會說：「這件衣服你穿完，我會送給其他妹妹穿。」用這種方式告訴他，這些東西不是只為他一個人買的。另外，我也會跟他一起去以物易物的市集，讓他拿自己有的東西去換一些需要的東西回來。

有一天，還在上幼稚園的女兒拜託我買一個非常貴的娃娃給他，我猜他可能以為媽媽只要有信用卡，就可以把所有東西買回家，於是我跟他說，媽媽拿的信用卡跟銀行的帳戶連在一起，把錢花掉錢就會越來越少；還一點一點跟他說明，那個帳戶裡面的錢是屬於全家人的，應該要平均讓大家使用。如果他真的有很想要的東西，我就會讓他幫忙做家事存錢，用自己存下來的錢買。

除此之外我還告訴他，爸爸媽媽也需要得到他的尊重，所以對每個人都一定要「好好聽對方說話」。**家裡每個成員都有各自的權力和義務，要遵守規則才不會傷害到別人**，也才能維持公正的關係。孩子透過這些過程就會**慢慢懂得跟別人協商、調節衝突，學習到如何體諒並尊重他人。**

世界名著《小王子》（Le Petit Prince）的作者安托萬・迪・聖－修伯里（Antoine de Saint-Exupéry）曾說：「人是透過相互關係繫在一起的結，是蛛網、是繩網。」很多自我開發的書之所以成功的主要原因，就是因為裡面蘊含了「相互作用」這件事。

人應該要有能力察覺對方情緒及被關心的需求，並適時給予協助，也要有能力防止矛盾繼續惡化，這樣的能力就長期而言，可以大幅提升孩子成功的可能性。

集中投資才能降低風險

看到最近這幾年青少年犯下的罪行時，其駭人聽聞及殘忍的程度讓我非常訝異。因為有人毀謗自己的女朋友就行兇、殺人棄屍；或是殘忍地對朋友施暴，之後不僅毫無悔意，甚至還自豪地上傳臉書或ＩＧ炫耀，類似的青少年犯罪事件日益嚴重。許多專家從教育中找到了原因。由於社會上的氛圍過度重視學業成績，讓原本應該要給孩子足夠關心和愛的爸媽只會說：「你功課寫好了嗎？」、「從補習班回來了啊？」跟孩子的心越來越疏遠。爸媽對孩子生理上、心理的缺漏，成了孩子孤單的源頭。

缺乏被照顧的孩子其實很脆弱，也會讓他選擇用不成熟的狀態來表達情緒。心理學家特納（Turner）說：「比起親子之間依附關係良好、需求及欲望得到充分滿足的兒童，在這方面缺失的兒童會更具攻擊性、更獨斷，也經常覺得孤單。」精神分析學者埃里希．佛洛姆（Erich Fromm）則說：「人們所有的煩惱與不安，一切都源自於占有心中一席之地的『依存心理』。」這意思就是，每個人想付出愛、得到愛都需要有一個對象，或是可以依存的人。

如果心中少了悉心呵護、能帶給自己溫暖的爸媽，這個孩子就會不斷執著於尋找替代的對象。能讓他變得最幸福的，就是那個心愛的人，而能讓他最心痛的也同樣是那個人。不論爸媽或朋友，如果在跟心愛之人的關係中持續不斷地面臨各種失敗和挫折，就會讓孩子變得有攻擊性和破壞力。

投資時間比投資金錢重要

已經因為外務忙到筋疲力盡的爸媽，如果下班回家之後又要再次上工，努力把拖欠的家事做完，這樣照顧孩子的時間就會不夠。生活太忙，長時間下來根本沒有多餘的心力可以聽孩子說話，或了解他心裡的想法。結果，親子間共同的話題就會越來越少、關係也會慢慢疏遠，到最後爸媽就只能像補習班老師那樣管理孩子的時程表而已。

對於獨生子女來說，最大的禮物就是爸爸媽媽陪伴他共度的時光。一起著作《從七歲開始準備念哈佛》這本書的李亨哲、趙鎮淑夫婦提到：「教育中，孩子最需要的科目莫過於理解心與忍耐心，而教育的成果與父母陪伴孩子的時間成正比。」總結來說，在孩子的身上投資時間比投資金錢更重要。一個朋友告訴我，他生第一個的時候，先生剛好被派到外地上班，所以幾乎都是他自己一個人在帶。而他生了第二胎之後，先生的工作變得穩定，夫妻可以一起照顧。結果某一天大兒子終於忍不住心中的難過，突然放聲哭喊說：「爸爸都只討厭我一個人！」雖然爸爸當下馬上跟孩子道歉，但事後他也坦白地對我朋友說：「因為老二小的時候，我就花很多時間陪他，感覺真的不太一樣，以前很少有時間可以陪老大，所以即使到現在跟老大相處時還是多少會覺得有點尷尬。」陪伴孩子的時間，也是創造愛的時間；每個人都會以「對方跟自己一起度過了多少時間」為標準，決定彼此關係的排序。

麥爾坎・葛拉威爾（Malcolm Gladwell）在《異數》（Outliers）這本書中說：「要成為某個領域的專家，至少需要投資超過一萬小時的練習。」投資的時間和努力越多就越能成功。同樣的道理，隨著**爸媽投注關心和時間的多寡，**

也會左右孩子成功與否。有項研究結果可以為這點背書。加州大學洛杉磯分校（UCLA）保健大學教授朱蒂斯・布萊克（Judith Blake）以四十四名高中學生為對象做研究，持續追蹤調查他們到三十歲。實際研究結果發現，與父母相處時間很長的獨生子女，他們的認知分數高，在學校或職場上有很高的成就，同時在社會、經濟上的地位也比較高。

營造出能專注在孩子身上的環境

我會營造出能全神貫注在孩子身上的環境。首先，我將生活中的三大重心排出了優先順序，依序是：孩子、家事、工作，然後再調整自己的時間來搭配這個順序。當然我放在第一順位的是孩子，就算沒有很多時間陪他，我也會盡可能保障跟孩子相處時的品質。

為了能做到這點，我放下了所有事情都必須親手處理的強迫症，也放下了全部都要做到最好的女超人情結。我媽媽常感嘆說他覺得很可惜，以前一次要照顧很多小孩，光是忙著小孩的事和做家事，都還沒感受孩子有多可愛，時間就都過了。我也想起過去媽媽因為太勞累而遷怒孩子的樣子，當時我就暗自下定決心，絕對不要把自己逼到那個程度。

第一，我先減少自己做家事的時間。孩子小的時候，我都會請人一個禮拜來一次家裡幫忙處理家事；等孩子稍微大一點，我就會一邊開吸塵器、晾衣服，一邊陪他聊天玩耍。因為我不再那麼追求完美，就算家裡稍微亂了一點，我也沒什麼壓力。沒時間料理三餐的話，我偶爾也會到外面買飯回來吃，或是請身旁的親朋好友幫我處理。

其次，我也非常強調**家裡的空間分配一定要單純**，越不用動手整理越好。我會把家裡整理得一目瞭然，想出去運動或外出的時候，馬上就可以找到需要的東西；我也希望讓生活更有效率，所以我會把要做的事情列張清單，盡量減少在家事上耗費的時間。**另外，**為了**節省上下班通勤的時間，**只要工作換了地方，我就會租一間距離上班地點只要五分鐘路程的房子，**盡可能增加並最大化跟孩子相處的時間。**決定好優先順序後，我就會按照這個順序、確認自己能使用的時間，如此一來，我要專注在孩子身上時就會更輕鬆、容易。

我會把家事往後挪，盡可能把所有時間都先拿來陪伴孩子，在這時間中完全專注在孩子身上，努力做到跟孩子心意相通。即使我在做事、放孩子一個人

玩，只要他停下來看著我，我也會馬上跟他眼神交會、揮揮手讓他知道我的注意力還是都在他身上。他有需要時我會聽他說話，或一起解決問題；我在煮飯時，也會讓孩子在餐桌上讀書做功課；吃晚餐的時候則會跟他聊聊今天過得怎麼樣。

我跟孩子一起相處的時候不會看電視、不會講電話，弄髒的碗盤我也會等孩子回房間之後再洗，讓彼此在一起的時間越多越好。舉凡念書、課外活動，還有他的朋友關係等，我不會一個個過問，不過我會從一開始就給予關心，徹底了解他的心情和想法。當他覺得辛苦或孤單，我都會陪在他身邊給他安慰；一有時間我就會騰出來跟孩子一起閱讀、玩遊戲或是運動，努力把我自己融入到孩子的世界中。

我會留意觀察孩子關心什麼、對什麼有興趣，並把自己放到跟孩子一樣的水準上跟他一起享受。睡覺前我們會躺在床上一起滾來滾去，我會摸摸他的背或肚子，消除孩子從外面帶回來的緊張感。準備要睡的時候，我也會跟他開開玩笑、一起大笑，或是跟他打賭「再說話就要給對方十塊錢」之類的。對於孩子而言，最大的禮物就是媽媽的關心。

米歇爾．恩德（Michael Ende）的《默默》（Momo）這本書裡有這樣的內容：「絕對不能一次就想全部的道路。你懂嗎？只能想到下一步，下一個呼吸，以及下一次的打掃範圍。無論何時，都只能想及眼前的事情。」所以說，最重要的瞬間就是「現在這當下要顧及的範圍」，最需要的人就是「現在這當下跟你在一起的人」，最重要的事情就是「對跟你在一起的那個人好」。必須給孩子足夠的關心和愛，這不僅因為他是你的孩子，更是因為你是讓孩子能夠照亮這個社會的存在；孩子會因為你而成為一道微光，讓整個社會更明亮。

第2章
只有一個孩子，越要學習怎麼當爸媽

用行動把獨生子女可能的缺點，
化為專有優勢

爸媽的行動課1

培養孩子有責任感→把選擇權交給他

在EBS*（編註：韓國最大的教育網站）「知識頻道e」中，有一部得獎影片叫《聽媽媽的話》。主角是一個小孩子，他在這世界上最愛的人就是媽媽。他非常聽媽媽的話，甚至放棄原本當漫畫家的夢想，選擇成為一名外交官，達成媽媽的期待。他照媽媽的要求努力學習，一直到十八歲才開始思考自己想做什麼。媽媽總是說：「走這條路可以讓你幸福。」但日常生活中，他只是不斷徘徊在家庭、學校和補習班中，完全找不到幸福在哪裡。媽媽卻只是對他說：「我都是為你好，你還不懂才會覺得徬徨。乖，聽媽媽的話。」接著，繼續帶著孩子走上自己決定好的人生。

父母常覺得，只要幫孩子畫好成功的路線圖，孩子照做就一定能成功。當孩子想走自己的路，大人就會拿自己的經驗和知識不斷說服孩子說：「爸爸媽媽經歷過，所以都知道……。」一旦發掘出孩子的才能，就會直接幫孩子量身訂做好未來，帶領孩子走上那條路。英文有一個單字特別用來形容這樣的媽媽，就是「Alpha Mom*」。（編註：Alpha Mom 是指在社交範圍內，主導性遠高過其他人，會強烈主導他人並堅信自己是對的。）相近於中文說的虎媽。

年僅十歲便享譽國際的小提琴家陳美（Vanessa Mae），是家中獨生女，他媽媽就是典型的虎媽。陳美在媽媽徹底的管制和計畫之下，不僅朋友關係，連生活瑣事都必須由媽媽作主。後來陳美在二十歲時放下了天才小提琴家的光環，告別母親、離家出走。現在成為一名過去夢寐以求的滑雪選手，還參加奧運比賽，度過自己想要的生活。陳美在採訪中提到，他怕自己有了小孩之後也會用媽媽那種方式教育他，所以不想生小孩。當孩子在父母的強勢要求下毫無選擇權時，雖然也會因此達成父母期待的成功，但同時在他們身上造成的傷害也會更深。

大人決定好的生活，會讓孩子覺得累

瑞典厄勒布魯大學（Örebro University）的發展心理研究團隊，針對美國國高中生進行實驗，觀察父母無差別地一味管制，對孩子會造成什麼影響。**當大人一直說「不要做」、「不可以」、「那個不行，選這個」這些話來管制孩子，會讓孩子覺得自己的選擇都被拒絕**，之後反而會不斷違逆爸媽的規則和建議。不論那個選擇多麼適合孩子，如果將爸媽的管制強加在孩子身上，孩子就會覺得自己沒有選擇權，而其他人幫忙做的選擇，無法讓孩子的心裡產生動力。

孩子一旦認為自己在生活中沒有選擇權，連帶也會覺得自己不需要為任何結果負責。如果孩子想做什麼，卻總是由爸媽發號施令、幫他完成，孩子就會認為生活的主角是爸媽；因為不是自己的選擇，所以遇到問題當然也不是自己的責任。只是一直配合爸媽決定好的時間表來生活，會讓孩子覺得生活像是規定好行程的套裝旅行，某個瞬間就會開始覺得索然無味。別人決定好的生活，容易覺得累，就算再怎麼努力念書、認真工作，心裡還是會覺得空虛，因為那並不是自己想要的選擇。雖然孩子聽到大人說「這都是為了讓你成功」而不得

不被逼著前進，但他們內心深處其實會覺得父母不認定自己，甚至不愛自己。因為人只有在被認定的時候才會感受到愛。

將選擇權交給孩子吧

小孩滿一～三歲後就會開始發展自我，出現喜歡和不喜歡的感覺。一直到青春期出現強烈的自我主張之前，都可以叫做「第一個叛逆期」。這時孩子會慢慢變成由自己選擇跟自己有關的事物，並從世界感受到被接納的感覺，這對於形成積極正向的自我是一項關鍵的因素。就像剛開始學走路，這種自主抉擇的力量會在嘗試錯誤的過程中形成；這股力量能讓人克服困難，並成為遭遇失敗也能再次挑戰的原動力。所以在這個時期，應該要把選擇權交給孩子。教育學家約翰．杜威（John Dewey）說：「所謂的自我，並不是事先規劃好的，而是會經由不斷的選擇慢慢形成。」

我從孩子學走路的那時起，就盡量不直接拒絕他的選擇，也不會說：「不行、危險、不可以。」我會先盡我所能消除環境中的危險因素，像是清空家裡的危險物品，用軟布把家具的邊角等可能撞傷的地方包起來做防護，讓孩子可以盡情跑來跑去。另外，我也在牆壁上貼白紙、選用沾到任何東西都能擦掉的地板材質，讓孩子可以隨心所欲、玩得盡興。孩子在自由活動身體，到處接觸不同事物的過程中，也會自由地成長。只要不危險，我就會放手讓他一個人去嘗試，犯了錯也會給他時間，讓他自己解決。

等孩子開始聽懂別人說的話，我就會常常詢問他的意見，讓他按照自己的想法做選擇。他想吃哪道菜、玩哪種遊戲、去幼稚園想穿什麼衣服、想買什麼口味的麵包等等，我都會讓他自己決定。我每次都問：「你覺得怎麼樣？」、「你認為哪個比較好？」讓他自己思考，並引導他隨著不同狀況做出選擇。有天我問他：「你今天想穿哪雙鞋？」那天太陽很大，他卻說他想穿類似在童話故事裡看到的一雙黃色長靴去上學。我提醒他：「今天太陽很大，你穿這雙鞋上學，腳可能會很熱喔！沒關係嗎？」他還是沒有改變決定，於是他就真的在一個豔陽高照的天氣裡，穿著長靴到幼稚園。

就算我常常給他選擇的機會，也不代表他每次都能很快做出決定。**「選擇」需要不斷練習**，因此我都會在生活中製造機會。因為只有一個小孩，所以我隨時可以把選擇的機會交給他，等他做出決定。

當然，早上忙著準備上班時，還要等孩子做好一切決定絕對不是件容易的事。早上要趕著出門，他說要自己扣扣子，動作卻慢吞吞的時候，我心裡都覺得快爆炸了。孩子自主選擇並行動時，通常都要花很多時間。

這個瞬間，他能練習收集所有資訊，思考、做選擇並提升思考力，絕對不能剝奪他腦細胞活躍運作的時間。如果早上時間很緊迫，我會準備其他備案，像是提早選好隔天要穿的衣服和鞋子等等，讓孩子還是能保有選擇權。

引導孩子做出最好的選擇

不過，**所有事情都需要適當的範圍，有時候父母想給小孩自由，反而給孩子太多選擇權**。像是刷牙、吃飯這些基本的生活項目，如果也讓孩子自己決定要不要做，就已經超越界線了，這樣反而會傷害孩子。太過沉重的責任可能讓孩子覺得有負擔，或是讓孩子以為自己在家裡可以當國王。

有一次，我女兒智皓在遊樂園裡鬧脾氣，吵著不要回家。如果我一直跟他說不可以，他只會更吵著要留下來。我選擇先讀懂孩子的內在情緒，說：「原來你覺得太好玩了，想再玩久一點啊！」讓他知道我也有同感。接著給他選擇的機會，我說：「那我們繼續玩，你想玩到我數到十，還是玩到我數到三十呢？」他想了一下就回答我想玩到數完三十。因為是孩子自己做的決定，於是等我數完三十，孩子就毫不猶豫地跟我一起回家了。

在給孩子選擇題的時候，如果一次給太多資訊，或是要他思考太複雜的過程，就會讓他覺得選擇很難。我會先想好二～三個合理的方法，讓孩子可以輕鬆做出選擇。這麼做他也會有自信，覺得這是自己做的選擇，所以很容易就能接受並採納這個結果。

透過生活學習的經驗和刺激，會刻印在孩子心裡很久。從小就要讓他養成習慣由自己選擇與自己有關的事，往後才有辦法做更大的決定，像是選擇要上補習班，還是要透過線上課程學習等等。在孩子決定的時候，父母只需要提供建議和資訊。面對未來要做什麼這種需要全家人一起抉擇，比較重要、比較難的問題時，我也會盡量採納孩子的意見。

智皓養成了這種選擇的習慣之後，到了高一他就自己去找職涯分析測驗來做，考慮了好一陣子跟我說：「媽媽，我覺得念英文的時候最有趣，而且我英文學得比其他科目快，所以我決定要出國留學。」我聽完孩子做出這個選擇的

來龍去脈之後也深有同感，所以我收集很多資料、提供建議，希望他能做出人生中最好的選擇。

先讓孩子擁有「想要」的內在動機

「我希望孩子可以做到這件事。」我的作法是不會直接去說服孩子、或拖著他走，而是**給他接觸的機會，並把選擇權交給他**，這樣孩子也才會負起責任。我知道五～六歲是學音樂的最佳黃金期，也想讓孩子嘗試接觸一些樂器，有空我就會帶孩子去有鋼琴的賣場，欣賞別人恣意彈琴的樣子；也會讓他碰碰鍵盤、欣賞鋼琴美麗的音色，讓他覺得這件事跟去遊樂園一樣有趣，最後孩子跟我說他想學鋼琴。不過即使如此我們也沒有立刻決定，我說：「我們先回家睡覺，如果你再想一次、考慮好了，明天還是很想學的話，我們再來決定。」然後隔天他說：「我還是很想學鋼琴，我會努力學的。」因為他覺得是自己決定要學鋼琴的，所以他也對這個選擇負起責任。到了該練琴的時間，他就會主動去練習；遇到比較難的階段，他也會很有毅力地不斷克服。如果你很想送孩子去學才藝，也認為才藝是必須的，那麼在毫無計畫地帶孩子去報名之前，先讓孩子擁有內在動機吧！

當我給孩子時間思考，他也沒辦法下決定時，我會舉例告訴他：「我的選擇方法是這樣……」讓他可以了解我是怎麼做出決定的。我喜歡讓選擇的過程單純、簡單，這可能是因為我高中看過一本書，書裡有句話說：「當A和B沒有太大的差別時，我們就會感到煩惱。」所以養成了快速做決定的習慣。如果兩者的結果差別不大，那我給自己決定的時間、還有掙扎的時間都不會太久。我會先定下時間限制，要是考慮很久都覺得差別不大，就會憑直覺選。

選擇的時候，不是花越多時間就越正確；不論什麼決定，都沒辦法同時滿足兩邊的需求，只是你對那個結果是感到開心還是失望罷了。

就算失望也不需要自責，我們選擇的路都是未知數，沒有人能事先知道。不需要太執著於結果，應該讓孩子有能力做出有包容性的抉擇。**最重要的不是結果，而是孩子覺得他正活出自己。**

大人充分評估了所有危險因素之後，就應該要把選擇權交給孩子。意思是，在他嘗試錯誤、看到結果之前，要給他時間並等待他。一旦給他選擇權，大人即使感到不安，也必須信任他的選擇，一起等待結果。就算他的決定出錯

也不要責備他，而是要給予支持。如果責備孩子做的決定，他會立刻把這責備當成是在責備自己。對的選擇能給孩子成就感，萬一遇到失敗的選擇，父母可以鼓勵孩子，讓孩子學習帶著挑戰的精神繼續前進。如果由他自己選擇，不論失敗或成功，他都會覺得那結果屬於自己。如此一來，不論什麼結果，孩子都不會把責任推到旁人身上，而是會自主做決策、下判斷。孩子能夠自主的範圍越寬，就會越幸福。

父母理性上往往都知道應該要讓孩子獨立，但在情感上卻做不到。我也時常會仔細檢視自己，看看自己有沒有因為不安就先幫孩子決定好方向，不理會孩子的想法就推著孩子前進。

爸媽的行動課2

讓孩子有強烈的歸屬感→敞開雙臂擁抱他

A小姐小時候曾被父母拋棄，到了快要二十歲時，不管跟任何人待在一起都無法產生歸屬感，長大成人之後也是如此。他罹患過嚴重的憂鬱症，甚至也因為藥物成癮而試圖自殺。這樣的他在拍攝電影時拜訪了柬埔寨，在當地領養了一個小孩，後來跟那個孩子之間感受到強烈的歸屬感。這位A小姐就是知名的好萊塢女星——安潔莉娜．裘莉（Angelina Jolie）。

其實，即使是外表看似擁有一切、非常幸福的名人，心中也都有各自的傷口。從市面上治療內心創傷的書籍不斷大量出版的現象可知，現在人的心多需要安撫。傷痛得到安慰之後，人們便開始尋找答案，想知道自己為什麼會生活得這麼辛苦，像是「勇氣」、「愛自己」、「療癒」等關鍵字搜尋度越來越高，大家也轉而開始關心心理學層面。不過這些內容，並不是真正能治癒心裡傷口的藥。

強大的歸屬感，是讓孩子戰勝這世界的力量

能戰勝這世界上所有困難的力量，就是「愛」。而**愛的根本，起源於跟父母親之間的依附關係**。親子之間的依附關係，就像是支持孩子在精神上能健康生活的臍帶。教育學家瑪利·安斯沃斯（Mary Ainsworth）定義：「所謂的依附關係（Attachment），是指一個人從跟自己最接近的人身上，感受到強烈情感的歸屬關係。對孩子來說，依附是強烈的本能，也是生存的原因。孩子絕對倚靠父母的愛時，不論何時何地他都能感受到自己與爸爸媽媽之間的情感連結，這會讓人變得堅強。」英國小兒科醫師約翰·鮑比（John Bowlby）也說：「人在生活中感受到的不安、壓力與疏離，是因為最起初跟爸媽之間沒有建立起依附關係。」

ＥＢＳ紀錄片《孩子成長報告書》當中有一項實驗，測試孩子跟爸媽間的

依附關係跟孩子的生活有什麼關連性。他們請一群國小三年級的小朋友，寫下三個他們想邀來參加生日派對的人。其中有五個小朋友沒有被任何人邀請，而他們的共通點就是小時候跟爸媽之間沒有好好建立起依附關係。

在動物界中也是一樣，如果母熊對小熊展現出很多愛的行為，小熊在成長過程中比較不會感到畏懼，挑戰精神也比較強；精神力強，就能承擔較大的壓力。相反地，當小熊沒有接收到母熊足夠的愛，就容易感到害怕、不安，對於壓力的承受度也比較弱。

不論人或動物，依附都是一種與生俱來的本能。跟爸媽之間沒辦法建立依附關係的孩子，對於無法保護自己的爸媽會產生不信任感，會不相信這世界、容易用負面的角度看每件事。沒有爸媽保護的世界，令人恐懼、害怕，因此孩子一旦有爸媽不知何時會丟下我的不安感，就會變成「爸媽跟屁蟲」，不管爸媽到哪裡都會緊緊跟著；另外一種相反的表現，則是會放棄一切、不再想得到愛，沉浸在一個人的世界裡。

如果爸媽欣然接受孩子的所有模樣，並給予擁抱，孩子就會相信自己一直被保護著。與爸媽或是照顧自己的人之間的依附關係，在情緒發展以及人際關

係中是很重要的基礎。樹根必須堅固，樹木也才會成長茁壯；同樣的道理，孩子也會藉由親子間穩固的信賴，了解到爸媽對自己的信任，進而就會對這世界產生信心。同時，跟朋友或旁人的關係會變得和睦，辛苦勞累時也能馬上釋懷，並想到：「人生很值得度過。」尤其在孩子面臨青春期時，跟爸媽之間的依附關係相當於一劑預防針，可以幫助孩子克服許多困難，像是考試成績不如意、升學考試考砸、被朋友霸凌的時候……等等。

哲學家尚－保羅．沙特（Jean-Paul Sartre）說，好的關係是精神上的安身之處，也強調歸屬感以及被愛的重要性。社會學的其中一位創始人艾彌爾．涂爾幹（Émile Durkheim）則說：「人際關係能帶來幸福。」研究壽命的醫學家們指出，在與旁人之間的信任基礎上形成一段關係，可以提升精神和身體上的免疫力，比戒煙更能延長壽命；此外還可以加速手術後的恢復，並降低罹患憂鬱症及焦慮障礙的危險性。如果想預測一個人有多幸福，以及他能活多久，先觀察他的人際關係就能了解。

提高敏銳度，察覺孩子真正的需求

有位媽媽對孩子付出了非常多的愛，在養育過程中也很疼愛孩子，他卻難過地對我說：「我的孩子不知道為什麼會變成這樣……」並不是花很長的時間陪伴，就一定能建立依附關係。依附關係是親子之間的相互作用，如果彼此沒辦法好好溝通，只是單方面給予愛，孩子就無法感受到依附關係，依附關係的狀態也會變得不穩定。當爸媽感覺遲鈍、沒有正確讀懂孩子的內在需求和心理狀態時，即使用自己的方式付出努力，孩子依然不會覺得被愛。**爸媽需要能敏銳區分孩子什麼做得到、什麼做不到，還有一定要做、以及不該做的部分是什麼，這樣孩子才會覺得爸媽「真正了解我需要什麼、值得我信任」**，意思就是，必須讓孩子感覺他跟爸媽彼此的心是相通的。

一開始要讀懂孩子的內在情緒、感同身受並不容易。然而，如果沒辦法讀懂孩子，在教養過程中就會一直遇到困難。

當爸媽說：「你已經蛀牙，不能再吃糖了。」這時從孩子的立場來看，會覺得這句話等於「爸媽不愛我了！爸媽不讓我吃喜歡的糖果和冰淇淋，就是不

愛我」。雖然爸媽是怕孩子的牙齒出問題，但同時也可能是爸媽不了解他想要什麼。遇到這種狀況，我會抱抱孩子，跟他說：「原來你這麼想吃糖果啊！可是你吃太多糖果，就會蛀牙、生病耶！我們家可愛的寶貝生病，媽媽心裡也會很難過的。」用這個方式告訴孩子，他就可以知道爸媽能體會自己很想吃糖果的心情，也可以了解爸媽是因為擔心自己才這麼說，就算沒有吃到糖果也能感受到爸媽的愛。這時孩子就會切身感受到爸媽的愛，也會產生歸屬感。

孩子會透過言語和肢體確認父母的愛

我只有一個小孩，所以能專心把足夠的時間投資在孩子身上，讓他擁有更強烈的歸屬感。我會上緊自己每個感官的發條，觀察孩子的情緒、傾聽他的想法和要求，並讓自己感同身受。還有，我也總是會給孩子溫暖的擁抱，習慣這樣的表達之後，即使孩子進入青春期、跟我之間有一些距離，我也還是能自然地抱抱他、摸摸他的頭，用這個方式告訴他我愛他。如果沒有表達出來，他們就感受不到父母的心意。睡前我也常問他：「我家寶貝長多大了呀？」並拍拍他的屁股，透過說一些幽默有趣的話、和玩笑性質的肢體接觸，解除他一整天的緊張感。原本智皓非常內向，不過在我計畫性地用溫暖的言語和肢體不斷跟他接觸之後，他的個性慢慢變得積極，也越來越活潑開朗。

學校裡有孩子生病、不舒服跑來保健室的時候，我都會用我的「皮膚熨斗」照顧他們。就算只是在他們不舒服的地方摸一摸，孩子們也都會馬上說有好一點了。輕摸、輕拍會給人情緒上的安定感，讓人有被愛的感覺，可以藉此減緩疼痛。神經學家甘德絲・柏特（Candace Pert）說：「我們每個人身上都自備著很厲害的藥。人體會自行生成身體和心理運作時需要的所有藥物，那就是內源性鴉片（腦內啡或強啡肽）和催產素荷爾蒙（Oxytocin Hormone），這些會讓我們覺得這世界溫暖且美麗。」

這些荷爾蒙會透過各種身體接觸出現，例如：人被擁抱、按摩、安撫時，讓人可以感到開心、瞬間專注、遵守規則，也能讓人產生戰勝困難的力量。

教育心理學家愛德華・斯普朗格（Eduard Spranger）曾說：「肌膚接觸越多，孩子越能成長，因此應該要經常擁抱孩子。」另外心理學家馬修・赫坦斯登（Matthew Hertenstein）也指出，擁抱又稱為「接觸溝通」，如果充滿愛地擁抱孩子，不單是情緒，連智商也會變好；相對地，當孩子被拒絕有身體接觸

時，智力和身體方面的發育都會比較遲緩，甚至出現問題。

有人身處貧窮環境卻能戰勝困境、並克服失敗，這些人身上的共通點，就是他們至少都跟一名保護者建立了深刻的歸屬感。雖然出生的時候，媽媽與孩子之間肉體上的連結——「臍帶」被剪斷了，卻可以藉由心理上的臍帶繼續連結彼此。成長過程中就算沒有兄弟姊妹，不過當孩子感受到父母比世界上任何人都更愛著自己時，孩子內心深處的自愛就會逐漸成長，也會一步步形成愛這世界的心。

讓安潔莉娜·裘莉能治癒內心傷痛的，就是與孩子相愛。跟爸媽之間的歸屬感越強烈，孩子就越不會懷疑、不安，而是能相信爸媽的愛，朝向更遼闊的世界前進。孩子會透過言語和肢體確認父母的愛。**別只在孩子做得好時才擁抱他，應該要時常不帶目的地對他微笑、擁抱他、說愛他，這樣孩子才能體認到自己是很寶貴的存在，在心理安定的同時也能勇敢面對這世界。**

爸媽的行動課3

教孩子懂得獨立自律↓適度放手的風箏哲學

我上健康教育課時，有個學生總是趴在桌上，班上的其他同學都說：「他本來就這樣。」每次他一到學校不是趴著就是睡覺，大家都已經習以為常了。走進國中，會發現超過一半的學生上課都在睡覺；高中更是如此，除了五、六個人在念書，其他幾乎都在做些有的沒的。韓國青少年諮商調查數據顯示，一天平均在上課時趴著睡覺超過一小時的人占了18.6%。這結果也表示出，對自己越消極的孩子，趴著的時間就越長。

父母的要求越多，孩子就會更想放棄

我常聽到父母們抱怨：「孩子自己一個人什麼事都做不好，如果讓他自己做，不知道會變成怎樣，到時又會讓我爆炸，不得已只好一直盯著他。」孩子聽到這種話、面對不信任自己的父母，就會失去熱忱和鬥志。他們會覺得：「反正想做什麼父母都不會支持，只會被罵而已。」結果反而會選擇什麼都不做。對於孩子想多了解、想嘗試新事物的欲望，如果大人都只是用「你又在調皮搗蛋了」、「你總是做些沒用的事」等這類否定的言語壓抑孩子，他們累積經驗的機會就會變少，也沒辦法發展出獨立思考和判斷的能力。

我在學校裡也看到有些孩子會每件事都問別人這樣做對不對、可不可以，這樣的孩子沒辦法自主思考，只能靠周遭的人幫他決定。我們社會的教育環境讓孩子變得被動，就算從好大學畢業也只懂得去做老師或上司交代的事，有時甚至連別人交代了也做不好。

諷刺的是，**父母的要求越多，孩子就會越被動，到最後甚至會放棄自己。**當父母因為自己的欲望、想把孩子栽培得比別人優秀，就幫他做太多，這時孩子就會完全不知道怎麼獨自去做，並慢慢失去自信。過度保護或過度管制，都會讓孩子變成「別人說一個我就照做一個」、或是「被說了也不去做」的人。

孩子擁有主控權就會更努力

什麼樣的孩子「懂事又自律」呢？就是不論有沒有人吩咐，也不會看旁人臉色，就懂得自己去行動。自律的孩子擁有企業家的心智，生活過得非常主動積極。即使是同一所大學畢業的學生，十年後還是會擁有不同的人生，原因就是有些人只會去做被交代的事，而有些人則會自己尋找並創造出該做的事。

假如是因為有人吩咐、有人在旁邊看、因為有報酬才去做，就會沒有主動性。如果把主控權交給孩子，一開始他可能會犯錯，不過也能藉由這些錯誤體會到如何自主管理。比爾．蓋茲小時候不管做什麼都沒辦法堅持很久、很快就會厭倦、非常散漫，就算媽媽一直訓斥他也沒什麼用。後來媽媽帶著比爾去看心理醫生。心理醫生花一年的時間觀察比爾，並對媽媽說：「不要強求或告誡他什麼，讓他去做他自己想做的事吧！罵他是沒有用的。」比爾的媽媽聽了這番話，就下定決心不要一直管孩子。令人驚訝的是，比爾開始變得不一樣。

他慢慢變得會自己做出決定、下判斷並專注其中，最後他成了微軟公司的創辦人，一路引領了資訊技術時代。

查爾斯．杜希格（Charles Duhigg）在《為什麼這樣工作會快、準、好》（Smarter Faster Better）一書中提到：「**當人覺得自己有主控權時，就會努力工作並付出，自信會提升，也能迅速戰勝逆境。**能自我控制的人，長壽機率也比無法自我控制的人高出許多。」很多研究結果證實，父母能保障孩子的自律性時，孩子的成就感與自信心也會隨之提升。「自律」（autonomy）這個詞源於希臘文裡的「自我」（autos）和「法律」（nomos）兩個字，意思是由自己定下規則並遵守。當自律性被保障時，就會出現想自己去做事的想法。

孩子長得越大，對父母依存的比例也會逐漸減少。不論是兩歲或青春期的孩子，當他說：「我就是要這樣做！」、「我不要！」並反抗父母，這就表示他開始有自己的想法。這樣的意志是自律性，也是本能，是一個正常的發展階段。然而，大部分的父母都不太會認定孩子的自律性，只想把孩子保護在自己懷中，以確保平安無事。

最重要的是，要給他時間和空間

兒童學家艾克哈特．托勒（Eckhart Tolle）說：「讓孩子擁有自己主導、屬於個人的時間，這對兒童發展來說相當重要。」擁有個人時間的孩子，會帶著興趣與好奇心面對挑戰，也會成為積極正向的人。**讓孩子擁有個人時間，也等於是容許孩子有精神和生理上的空間，能培養孩子具備自主計畫、設定目標，以及解決問題的能力。**媽媽對孩子的容許範圍越大，孩子的反抗行為就會越少。為了好好度過孩子兩歲和青春期這兩個令人頭痛的叛逆期，我也會減少處罰孩子或壓抑孩子的情況。

很多人會為了孩子付出所有，現在甚至流行「爸媽經理人」、「爸媽教練」這類的單字。跟那些爸媽比起來，我這個媽媽幾乎沒幫孩子做過什麼，不過有件事我充滿熱情，那就是：不管再怎麼出人意料、不著邊際，只要是孩子想嘗試做的事，我就會給他時間、鼓勵並稱讚他。他很小的時候自己一個人拿湯匙吃飯，雖然流出來的比吃進嘴裡的多，但我還是不會餵他吃。我會準備各種塑膠杯來代替玻璃杯，以防小孩不小心沒抓好或掉地上而受傷。衣服我也都讓他

自己穿。

上了國小之後，他自己能做到的事就變多了，像是洗室內鞋、準備好聯絡簿上要帶的東西等等，我都會讓他自己做。我只幫忙處理需要去採購的東西，還有確認他準備得如何。就算早上太晚起床，我也不會責怪小孩或叫醒他；即使他因為遲到或沒帶作業在學校被罵，我也都只是在旁邊看著，然後跟他說下次不要再犯了。

另外，我絕對不會幫他寫功課。學校舉辦的繪畫、標語或寫字比賽，貼出來的作品很多都可以看出是出自「媽媽牌」。只要有懂美術、或有文字涵養的媽媽幫忙做，幾乎可以保證小孩得獎，可是這種情形終究會變成孩子的毒藥，因為這表示不相信孩子可以做到。爸媽應該要成為孩子身旁協助的解說員，讓他可以獨力完成，而不是直接幫孩子代筆。當孩子明明可以做到卻不想做時，我會先觀察並問他原因在哪裡，如果他需要幫忙，我一定會給予幫助。

必須給孩子有自己獨處的時間，就像是玩遊戲或寫功課一樣。如果我跟孩子說：「媽媽要處理事情，要外出一小時之後才會回來，這段時間你想做什麼呢？」這時孩子就會選擇自己喜歡的事，像是拼拼圖、畫畫、摺紙、看書或運動等，也會專心使用那段時間。而我也會把這段時間當成稱讚他的機會，讓孩子學習調配時間的方法。當孩子有時間能主動去做自己選擇的事，然後還因此得到稱讚時，往後他無論面對任何事都能擁有自信。

將「他律」轉為「自律」

在智皓小六時發生了一件事。他從青春期開始就把自己的短髮染色，學校裡也不只他一個人這樣。不過他六年級轉學之後，新學校沒有任何人染頭髮，結果校方就把智皓當成不良學生，班導師也說希望他可以把頭髮染回來，所以我跟孩子一起討論該怎麼處理。我說：「染頭髮是個人的喜好，如果你在同學和班導的壓力下，還是很想保留本來染的頭髮，那你留著沒關係，想染回來也可以。你可以自己選擇。」然後我也建議他：「不管做了什麼選擇，選擇之後就要自己負起責任。」結果智皓好一段時間都一直留著他的金髮，後來等頭髮長長，他發現要維持這個顏色必須一直染、很麻煩，於是就決定乾脆把整個髮色換回原本自然的顏色。「自律」遠比「他律」有效得多，如果**賦予孩子自律的決定權，在他分析並下判斷的同時，也能訓練他往更好的方向思考。**

我觀察身旁一些「自己懂得」去做事的孩子，會覺得他們看起來好像是自然而然變成那樣的。不過其實在養成這樣的習慣之前，**父母必須不斷關心孩子身旁每件事的發展，而且不能直接替他處理**。必須重複多次這樣的過程，才能讓孩子成為一個自律的人。

如果想知道自己的孩子是要等人吩咐才會去做、或是被吩咐了也不會去做，還是自己懂得主動去做，只要觀察他平常獨處的樣子就知道了。我們可能會感嘆：「他為什麼會這樣呢？」也可能會覺得不安，不過無論如何都不要直接幫他做。這樣，原本只懂得被別人餵的孩子，也會慢慢知道怎麼自己拿湯匙吃飯，甚至懂得自己洗碗。

大家都說應該要教孩子怎麼抓魚，不過應該先讓孩子想吃魚，他才會去抓魚。如果想讓孩子擁有內在動力，就必須保障孩子的自律性，讓他可以自主地按照自己的欲望和意志判斷並行動。

爸媽的行動課4

希望孩子會念書→給他百分之百的信任

有一段玩笑話說世界上只有四種孩子：「不只會念書的孩子、只會念書的孩子、只是不會念書的孩子，還有不只不會念書的孩子」當然每個爸媽都希望自己的孩子「不只會念書」。其實花錢和時間在念書上，的確比栽培藝術、體育才能的成效更快。不過每間學校裡「不只會念書的孩子」通常就那麼一兩個而已，生活在重視排名的教育環境底下，孩子「自卑感」加深的速度遠超過自信心的成長。

父母的信任就是孩子最強大的後盾

難道不會念書就沒辦法幸福嗎？我有個姪子比智皓大六個月，他也是獨生

子，從小就比同年齡的小孩更早會走路、說話，有時我甚至覺得他不是比智皓大六個月，而是大了六歲。我那個姪子一歲就很努力學說話，而且觀察力和記憶力好得驚人，當其他同齡的小朋友還只知道水果的概念而已，拿水果問他：「那是什麼？」他卻可以根據東西的形狀和長相，精準說出「柿子」。他三歲就會用數碼寶貝的卡片去拆解字的結構；在恐龍書裡很難記的名字，他只要看過一次就能很順地說出來。到國小一年級時，他看到《哈利波特》這本書，很快就記得主角們長長的英文名字，還可以複述小說裡的劇情內容。

另一方面，我們家的智皓跟其他同齡孩子一樣，發展階段沒有比較快也沒有比較慢，一直等到五歲才會認字。我只有這麼一個孩子，真的很想把他栽培到最好，所以我每次看到那個天才姪子，都會不自覺拿他跟我的孩子比較，暗自覺得受傷、難過。

其實每個人與生俱來的才能都不一樣。同一對父母所生的孩子，特質也都不一樣，即使付出相同的努力也會有個別的差異。物理學家阿爾伯特・愛因斯坦（Albert Einstein）說過：「天才就是99％的汗水加上1％的靈感。」最終還是需要那百分之一的天生才能。西歐國家認為才能是上天賦予的禮物，因為是與生俱來的，所以也應該把那才能回饋社會。後來我想通了，每個人都有天生的才能；同樣地我也一定有跟其他兄弟姊妹都不一樣的獨特之處。

如果我一直把起跑點不同的姪子和智皓兩個人拿來比較，只會越來越失望、越來越自卑，所以我下定決心一定要相信孩子有擅長的事，並找出他與生俱來的才能，這就是我們父母該扮演的角色。不過，學校卻經常忽視這種個人差異，只是要求每個孩子把所有科目都念好，而孩子們的自尊也常在這種學業體制下受到傷害。

哈佛教育研究所的教授陶德·羅斯（Todd Rose）說自己曾因為「平均」制度而被同學排擠、被教授忽視，即使如此，他還是成為了一名教授。他在《終結平庸》（The End of Average）的書裡提到：「為了設計出適合大部分飛行員的駕駛艙，丹尼爾斯中尉利用他從四千多名飛行員身上收集的資料，計算出公認影響最大的十項平均值。結果有多少飛行員符合這十個項目的平均值範圍呢？答案是零。丹尼爾斯發現：根本沒有所謂的『平均飛行員』。」而學生們每個人的學習能力都不同，這些「平均值」終究只會帶給所有人傷害而已。

即使如此，學校依然只想要培養出會念書的學生，這情形也讓考試成績單

變成了判斷一個孩子價值的分數。跟努力與否無關，書念得好的孩子就是好孩子；成績不好的就只能是壞孩子。「分數」限制了孩子的行為，也毀了他們的自尊心。

智皓到了青春期的年紀，學校的教育體系要求學生各方面都要有優秀表現，權威型的班導師要求他們，老師說什麼就必須照做，在這樣的環境下智皓常跟我說，他的生命都被這些無聊的課程浪費，根本不想去學校，寧可把時間都拿來睡覺，或是跟朋友玩。

身旁的人都說，我讓孩子太自由了才會變成這樣，這些話聽久了也曾讓我對孩子的信心動搖，有個朋友甚至為了相信自己青春期的孩子而開始去求神拜佛。我想，孩子面臨青春期就是考驗爸媽信心的時候吧！雖然我認為只要看著孩子去做他想做的事、給他稱讚和鼓勵，就能順利度過青春期，不過這段時間跟他小時候還是有很大的不同，有時我也會突然覺得我的孩子不是我的孩子。看到同班同學不用努力也可以拿高分或能力優秀，智皓就會陷入自卑中，並跟我說：「這個世界不公平！」而不斷想反抗世界。

後來上國中後幾乎每天都跟朋友聊天，連要考試了，聊天也比念書的時間多。他說補習班不適合他，只要到教育網站聽線上課程就好，結果都待在家裡玩；每天把自己打扮得漂漂亮亮，也開始接男生朋友的電話。我很想把年幼的孩子保護好，這些事都讓我的耐心大受考驗。雖然心裡的不安越來越大，但每次我都會跟自己說，孩子的人生路還很長，現在只是在爬坡的過程中稍微休息一下而已，也下定決心要更堅定地相信孩子。即使我沒辦法在後面推著他前進，我也要保護好他，這就是我該扮演的角色。孩子開心的時候陪他一起開心，這點所有父母都能做到；然而當孩子成為全校倒數第一名的時候、所有人都否定他的時候，要站在孩子這邊相信他並不容易。

日本電影《墊底辣妹》（ビリギャル）是一部根據真人真事改編的電影，主角彩加從來沒有念過書，被貼上無可救藥的標籤，不過他遇到一位超級樂觀的老師，便開始夢想去念知名大學，最後居然達成了這個夢想。專門處理問題學生的坪田信貴老師，碰到了分不出東南西北、完全畫不出地圖的彩加之後，即使看到他考零分，也還是稱讚他的努力，從來不說「你沒救了！」這種喪氣話，反而給他無限正面的力量。另一方面，彩加的媽媽也給女兒絕對的信任，不斷對他說失敗了也沒關係，隨時想停下來不做都可以，還說：「小孩有沒有

進一間好大學不是重點，重要的是他內心不要受傷。」

我跟彩加的媽媽一樣，每天早上都會看著鏡子重新拉回自己動搖的決心，讓自己徹底站在孩子身邊信任他。我也相信只要過了這段時期，孩子就能找到自己的路。**遇到問題時相信孩子，才是真正的信任；如果孩子也相信爸媽的愛，就算稍微走偏了也會再次回頭的。**

我比其他兄弟姊妹更不會念書，不過媽媽總是跟我說：「能吃就是福，你一定會過得很好。」我一直相信媽媽這句話，生活中從來不覺得自己過得不好。也因為這樣，我總是大膽地挑戰各式各樣的事物，甚至覺得失敗只是小小的絆腳石，能讓我走上更好的路。即使所有人都不相信我、背棄我，媽媽還是會站在我這邊相信我。

我自己對孩子也是一樣，在聽信別人的話之前，我會先聽孩子說；即使孩子說謊，我也會選擇信任他。孩子看到這樣的我就會安心，也會知道不論任何狀況都不需要說謊。要是坦白卻不被信任、還被責備，那時孩子就會沒辦法相信爸媽，而選擇隱瞞或說謊。就像盲人生活中需要導盲犬一般，孩子也需要能相信自己的父母。俗話說，人甚至會為了被認定而付出自己的生命；當爸媽相信並認定孩子時，孩子也會在那信心上成長茁壯。

在孩子身旁按兵不動的保護，也需要勇氣

哲學家亨利・大衛・梭羅（Henry David Thoreau）說：「人與人之間要有無限的信任。」也提到想讓孩子成長，給他信心是最好的方法，信心甚至可以讓人重新活過來。社會心理學家羅森・塔爾（Robert Rosenthal）做了一個實驗，測試大人的信心實際上對孩子有多重要。他在國小全校學生中，隨機挑選出百分之二十的學生後將名單交給老師，並讓老師相信這些孩子在知識方面的潛力非常高。由於老師對於這些被選出來的學生有信心、有期待，八個月後，這些孩子的知識能力表現和學校成績的確比一般學生進步更大。尤其是原本成績落在中段、年紀小、社會經濟地位低的學生，提升的幅度越大。

我念國小的時候，成績差不多都維持在中間程度，有次六年級的班導說他相信我，他的那句話讓我更用功念書。一般律師家庭出律師、醫生家庭出醫生，都是源於父母對孩子的信心；父母先給予信任，孩子也才會相信並開發自己的能力。因為不想讓相信自己的人失望，所以孩子也會慢慢自發性地成長。**在擔**

心孩子失敗而催促孩子前進之前，身為父母的我們都必須擁有在遠處保護孩子的信心和勇氣。

智皓在國二的時候，有段時間因為同儕間的比較而過得很辛苦，不過等上了三年級，他就不再跟同學比較，反而卯起來專心念書。後來他看到成果比原本定的目標更好，也更加願意相信自己。我能為他做的就只有相信他，因為我知道無論他的才能是什麼，只要付出努力就一定能做得比昨天更好。我在任何情況下都不讓自己的信心動搖，才有辦法像這樣徹底相信孩子；我相信每個人都有自己擅長的事、每個人都有想成長的欲望。這份來自爸媽的信任，絕對能讓孩子滿身的傷蛻變成動人耀眼的勳章。

爸媽的行動課5

想讓孩子自發性成長，千萬不要跟別人比較

健康教育課堂上，我談到了精神健康，就問學生們最不想聽到父母說什麼。全班票選出的第一名，就是不喜歡被拿來跟朋友比較成績、外表、個性、還有品行。「我媽都說別人家的小孩會念書又聽話，我什麼都不會，每次都忽視我」、「去學鋼琴，爸媽就拿鋼琴彈最好的人跟我比；去補數學，爸媽就會拿數學最好的人跟我比，所以我什麼才藝都不想學，也不想去補習。」同學們彼此分享的話語，都在表達了各自心中的不滿。

父母無心脫口而出的這些話，都是在煽動孩子跟「別人家的孩子」競爭。其實不只是父母，有時候連旁人也很喜歡拿孩子們來比較。

我有一個朋友，他周圍的人總是只稱讚他姐姐長得很漂亮，所以他對自己的外貌非常自卑；一個在美國住很久的表弟也跟我說，有時遇到不太熟的人也會對他的長相、身材說長道短，讓他很不舒服。某次，先生參加完同學會回來之後對我說：「誰誰誰的太太很漂亮、人很好，又很會賺錢。」我就回了他一句：「那你去他們家住好了。」沒有人喜歡被拿來比較，孩子也是，我覺得「比較」真的會讓人很受傷。

一直跟別人比較，只會養大「自尊心」

東亞日報中有個專欄叫做〈打造富翁老爸〉，筆者是 Say No 老師。內容提到人之所以會變得不幸，就是因為我們有比較的心理。「比較心理」就是不去追求生活的幸福，而是藉由跟別人比較來期待自己更幸福。適度的比較可以提升競爭力，也能激勵孩子。不過，一直被拿來跟表現優異的人比較，孩子就會覺得自己差勁又討人厭；反過來說，如果不斷拿孩子跟表現不好的人比較，雖然短時間內不會有什麼大問題，卻很難期待孩子能有更好的發展，這也算是一種不幸。

可能有些人會覺得獨生子女沒有兄弟姊妹、家裡沒有年紀相仿的人，就需要幫他找同年齡的孩子來比較，才有競爭效果刺激他向上。然而，長期這樣培養下來的並不是自尊感，而是自尊心。最後孩子就會覺得：「我什麼都做不好，去做也沒有用……，我沒有資格被愛，只是個失敗者。」然後把更多的精力用來否定自己。

很多人會把自尊心和自尊感的概念搞混，其實這兩個詞並不相同。「自尊」這兩個字一樣是指相信自己是值得被尊重、有價值的存在，不過「自尊心」是從跟他人的競爭中滿足自己被尊重的渴望，而「自尊感」則是肯定自我、接受自己本來模樣的正面力量。自尊心會在贏別人時變得更強，不過一旦失敗就會崩塌；相反地，自尊感則是對自己有確實的信任和信心，不會隨著外力的影響動搖或改變。

如果說期待被別人尊重、被社會接納的感覺是自尊心，那麼自我肯定、懂得珍惜並愛自己的心就是自尊感。也就是說，讓孩子跟年紀相近的同儕比較「誰朋友很多、誰會運動、誰比較聽話、誰會念書、誰長得好看……」等等，**這樣的比較過程激發的是孩子的「自尊心」**，雖然表面上看來好像是會尊重自

己，**不過因為是由別人來決定自己的價值，所以時間一久孩子就會感到不安、覺得無法滿足，最後導致無法相信自己。**

有研究結果顯示，獨生子女沒有兄弟姊妹跟自己比較，完整接受了父母的愛與精誠，因此自我肯定的程度也會比較高，不需要透過跟別人比較這種方式來愛自己。我的孩子就是這樣，他高中一年級時在學校做了自尊感測驗，結果分數比班上的第一名還高，這也推翻了一般人覺得「成績好，自尊感就高」的想法。

父母懂得愛自己，孩子也才會懂

認為自己做得很好的自我效能（self-efficacy）是一種對能力的判斷，不過自尊感則是對自我價值的信心。心理學家東尼．漢弗萊（Tony Humphreys）在《家庭的心理學》（Leaving the Nest: What Families are All About）這本書裡提到：「父母是家庭的領導者，而**父母個人的自尊感程度會決定每個家庭成員身心以及在社會上的幸福程度**。自尊感處於中間偏低的父母，也會將相似程度的自尊感傳染給孩子。」

父母的想法和言語相當重要，甚至可以說「父母是影響孩子的最大變數。」一開始父母都是抱著正向的態度，但如果緊迫盯人地一一指責孩子說話和行動的問題點，孩子就會失去自尊感。當父母拋開否定的態度，積極地給予包容時，孩子的自尊感就能越來越穩固。

自尊感不僅會被父母影響，同時也會受到許多周遭環境的影響，一般取決於爸爸媽媽在孩子一～六歲時用什麼方式教養孩子。通常幼兒期的自尊感是最高的，因為不需要跟任何人比較；到了國小就會開始慢慢下降，等上了國中就會降到最低。這不單是父母的關係，也因為身旁的環境會一直拿他們跟同儕做比較。

我回想自己國小的時候，低年級課堂上老師會讓每位同學發表想法或作品，到了高年級就只會讓功課好的學生發表而已。光是這點就能知道，孩子在這環境下一定會感受到自卑。

接納並愛孩子本來的樣子吧

心理學家喬爾和秀珍（Joel & soojin）發現，人會透過三個問題確認自己

的存在並形成自尊感。

第一個問題是：「我在這世界上擁有什麼價值？」這問題在了解自己的過程中非常重要。當孩子從爸爸媽媽身上感受到自己值得被毫無保留地愛護時，思考就會變得積極正向。

朋友J小時候只有考一百分或達到父母要求時才會被肯定，否則就會被忽略，所以在面對爸媽時他總是感到辛苦。雖然他成績很好，不過他總是扛著一定要做好的龐大壓力，因為他覺得自己失敗就會得不到愛，所以他都只是一味地配合父母、情人、同事，這樣的生活讓他完全沒有自尊感。假如孩子缺點再怎麼多，爸媽都願意無條件接納並諒解，那麼即使孩子踏入社會也不會跟別人比較，而是會懂得認定自己的價值。

第二個問題是：「我擁有多少能力？」我們應該要知道人本身就很有能力，也能變得很有能力。智皓在運動會時參加了跳舞比賽，過程中因為僵硬的肢體動作承受了很多壓力。我跟他說，就算是有能力的人也要真心喜歡並反覆練習到最後才能成功；而且人本來就不需要做好所有事情。哪怕只有一件事，只要把那件事做好，就能擁有自信。

第三個問題是：「我是什麼樣子？」我們應該要肯定並接受自己的身體樣貌。外貌也會對自尊感帶來龐大的影響。「童顏熱潮」、「男生也要化妝的時代」等，這些關鍵字反映出時下的人有多麼在意外表，想藉此證明自己的價值。還有人因為怕胖就不斷減肥，甚至一吃東西就催吐。

在智皓念國中時，有一陣子很流行一件韓幣五十～六十萬（約台幣一萬六千元）的冬天外套，是當時的流行指標，甚至有傳言說沒有那件外套就會被霸凌。剛好在國小畢業時幫他買的外套已經穿舊了，我下了很大的決心要幫他買那件傳說中的外套。不過他卻跟我說：「我討厭跟所有人穿得一模一樣，而且那也不是我喜歡的樣子。」然後繼續穿他原本那件羽絨衣。

孩子都希望自己的外表能被其他人認定，如果缺乏自尊感，就算體重正常也會拿自己跟更瘦的人比較，然後否定自己。特別是獨生子女跟父母相處的時間長，所以會受到父母的價值觀更多影響。我常對我的孩子說，總是保持開朗、擴大自己的優點，而且積極正向的人才是真正美麗的人。頭腦真的聰明，看起來才會聰明，同樣的道理，當人了解並發覺自己身上所擁有的魅力時才會散發出光彩。

在孩子能對上面那三個問題做出肯定的回答之前，父母扮演著非常重要的引導角色。孩子是從愛他的媽媽肚子裡誕生，被父母細心呵護、被視為世界上獨一無二的寶貴存在，光是這點就很有價值。不管孩子有什麼能力、什麼外表，**如果大人都接納他原本的樣子，找出優點並認定他的價值，孩子也會相信自己並成為有高度自尊感的人。**

爸媽的行動課6

期待孩子懂事、有禮貌→大人先以身作則

我們來試想看看，沒有交通號誌的街道會如何呢？車子全都會爭先恐後地搶道，沒有任何人可以好好過馬路，整條路都會很不方便。如果每個人都不顧及別人，只按照自己的欲望生活，整個社會就會充斥著不安、變得毫無秩序。為了避免這種情況，我們定下了大家共同遵守的號誌規範。這項約定可以是一種強制性的法律、一種讓良心會被譴責的道德觀念，或是一個讓人際關係圓融的禮節。其中，禮節雖然不具有強制性也不會有處分，卻是人與人之間維持關係的社會約定。

糾正無禮習慣，清楚告訴他「為什麼」

孔子在《論語》中說：「己所不欲，勿施於人。」而禮貌，就是站在對方的立場為對方著想，尊重並顧及對方的內心，展現出合宜的舉止。美國禮儀教母，同時也是一位作家的艾蜜莉．普斯特（Emily Post）說：「禮貌當中雖然有很多規則，但最根本的重點精神就是讓這世界上的氣氛更好。」

禮貌不僅跟打招呼、正確用餐等個人生活習慣有關，連帶也關係到公共生活，也就是在公眾場合中遵守秩序、保持安靜等等。當我們看到有禮貌的孩子就會認可他，心情也會變好。懂得顧及並尊重別人、有禮貌的孩子，他跟周遭的人或朋友關係都會很好。

不過，在注意禮節、顧慮別人之前，要先檢視一下「孩子本身」的狀態。聽聽每個國家的父母在孩子上學時說些什麼，就可以稍微了解各國的教育態度。美國父母會說「要懂得禮讓」、英國父母會說「要有紳士風度」、德國父母會說「要好好守秩序」，日本父母則會說「要有禮貌」。那麼韓國的父母說什麼呢？我們最常說的可能是「要聽老師的話」或「小心車子」吧！各國雖然都不一樣，不過共通點就是會強調要跟別人好好相處。不過韓國卻先強調孩子的功課和安全，這種「自家小孩最珍貴」的教育文化，讓孩子也把自己的欲望擺到最優先的位置。

只看重自己的孩子會欺負弟弟妹妹或朋友、惡作劇、隨意罵人，不懂得尊重別人；不僅對人，連自己使用的東西也不會多加珍惜，不經允許就會去碰別人的東西或身體。像是：沒有事先約好就突然跑進朋友家裡、在大眾澡堂亂玩水、半夜在家裡大叫亂跳、在遊樂園插隊或獨占遊戲器材、在電梯裡亂按各層按鈕、搭捷運時別人還沒下車就衝進去搶位子、在餐廳亂跑或開一些危險的玩笑、在書店裡大聲講話或是跟朋友打鬧……，例子多得不勝枚舉。

會這麼做都是因為他們沒有想到自己沒禮貌的行為會讓別人心情如何，沒有顧慮到這些小習慣，往往都會讓其他人不舒服。如果發現孩子養成這種壞習慣，大人不要隨便放縱他們，必須仔細地幫忙改正。萬一變成了根本不顧慮別人的人，以後在社會上出問題的可能性就會很高。雖然我們總是覺得孩子很可愛，不過要是**沒有改正他錯誤的行為，他就會不知道為什麼平時需要顧慮別人、為什麼要分享、為什麼要排隊、為什麼要說對不起、以及為什麼公共場合**

不能亂跑。

太習慣被過度稱讚的孩子都會覺得自己很特別，不懂得為何需要有禮貌，也不了解有時需要等待。這樣的孩子常會輕視別人，跟朋友之間也容易起衝突，最後就會很難適應學校生活。有時候我在公共場所看到這麼做的小孩，稍微指出他們的問題，爸媽就會跳出來一個勁地袒護自己的小孩，說：「他還小不懂事嘛！」、「我這個爸媽都沒罵過他，你憑什麼說我的孩子、管我的家事？」遇到這樣的情況，我也無法說些什麼。

禮貌的開始是「謝謝」、「對不起」

會傷害別人、沒有禮貌的孩子，最終的結果就是會無法融入人群。用自由的方式教養孩子，這跟讓孩子變得自我中心又沒禮貌是不一樣的。要讓孩子了解擁有自由的同時也伴隨著責任，如果為了讓小孩開心就答應他任何事，他就會不知道該負的責任是什麼。若孩子的精神萎靡不振，那是因為父母過度管制、壓抑，或是得不到旁人認定所致，這時最好的解決方法絕對不是讓孩子想做什麼就做什麼。

「你好嗎？」是打從心底關心對方過得好不好而說出來的一句話，**對彼此的尊重都是從一句話、一個小動作開始的**。在人很多的捷運或公園裡，一句「借過一下」、「不好意思」就是禮貌的開始作家。韓國作家李載揆在《給青少年的彼得．杜拉克》書中提到：「運動中的兩個物體彼此碰撞時會產生摩擦，這是自然法則；同理可證，兩個人相遇時也經常會出現衝突。不論彼此是互相喜歡還是討厭，禮貌就像是潤滑劑，能讓彼此摩擦的兩個人一起做事。說句『對不起』、『謝謝』，記得對方的生日或名字，問候對方的家人等等，這些小而簡單的事都是禮貌。」

美國哥倫比亞大學（Columbia University）的MBA課程，問了企業的CEO們一個問題：「你覺得讓你成功的最大主因是什麼？」結果有高達93％的人回答：「對待人的舉止風度。」沒有顧慮到別人的行為，不僅會讓對方不舒服，甚至會成為衝突的開端。公司應徵新人時通常都會進行面試，藉此觀察對每個人的印象，而面試重點主要是在觀察一個人是否能順利地搭配「別人」，其中特別強調「尊重別人的禮貌」。會看受試者在面對衝突時會如何解決問題、有沒有顧慮其他人。

有禮貌的人會推想並顧及別人的想法和情緒，這樣的禮貌也會讓對方有好感。約翰・霍普金斯醫院（The Johns Hopkins Hospital）的創始人霍華德・凱利（Howard A. Kelly）曾說：「禮貌是不傷害對方的心、是帶來好感的心、是尊敬別人的心，也就是懂得顧及別人。為了追求更進一步的同感，必須遵守且尊重某些事。」也一再強調禮貌的重要性。

學習禮貌的最好方法是模仿

對於獨生子女來說，禮貌就是他們與世上連結的繩索。我當媽媽之後，總是想著孩子會學我的樣子，所以在生活中努力讓自己成為一個更好的人。教孩子的時候，我會先定出範圍，告訴他什麼事情能做、什麼事情不能做，能不能做的判斷的標準是會不會傷害到其他人，因此我也總是會讓孩子「換一個立場想想看」。

禮貌不是只有下對上而已，我覺得「大人可以做、小孩不能做」這個思考方式並不正確，這樣也很難說服孩子。禮貌是出於尊重對方的心，所以我也會先尊重孩子是獨立的個體。**如果發現孩子沒禮貌，我就會檢視自己是不是也會**

這麼做。有句話說：「態度不是用教的，而是要讓他身體自然習慣。」**學習禮貌的最好方法，就是跟著別人做**。另外，父母也必須親自做到並給予教導，因為孩子就是父母的鏡子。一直拿「他還小」、「他不懂事」這些當理由，總是直接給予原諒，孩子就越容易被其他孩子排斥。因為孩子們都討厭會在遊戲中傷害別人的人。

如果告訴他：「看到長輩要打招呼！」他卻做不到時，就要觀察原因出在哪裡。以前智皓非常害羞、內向，在電梯裡遇到鄰居時，即使我先打了招呼，他也只會靜靜待在一旁，不敢開口說話。因為太過害羞而寡言的個性，讓他總是被誤會是一個沒禮貌的孩子。剛開始我也常常想跟他說：「你也應該要打招呼呀！」但我沒有一開始就斥責他，而是先觀察他的個性，看看他是不是因為太害羞而不敢說話、是不是專心在某件事情上就注意不到別的等等，了解之後再做判斷。

爸爸或媽媽之中，一定要有一個人扮黑臉。如果爸爸媽媽都對孩子非常包容，孩子就會不懂禮貌，長大也會不懂規矩；相反地，如果父母兩個人都扮黑臉，孩子又沒有其他兄弟姊妹，他就會沒有可以依靠的人。我會讓孩子知道，

就算他今天被罵了，父母當中還是會有一個人站在他那邊，讓他有安全感。先生跟我說：「我沒辦法長時間陪孩子，所以由我來站在孩子這邊理解他、疼他，教誨他的部分就拜託你了。」我們對彼此角色都有共識，而到現在也一直依循著這個規則。

爸媽的行動課7

培養孩子的道德觀念 態度要有一致性

新聞上常看到學生們的各種行為偏差，像是高三生去偷期末考試題，或是美國數學能力測驗的洩題事件等等。現在的人為了念好大學鋌而走險，技巧越來越高明，情形也越來越嚴重。輕微的是作弊、抄襲，有人甚至連論文或履歷都找專門的業者代寫；因為只想達到目的，不在乎用什麼方法，甚至連社會服務經驗都可以捏造。明知道那些在道德上是不對的行為，卻覺得作弊抄襲沒什麼大不了，反正只要沒有被人發現就好。這些沒有意識的犯罪行為一旦擴大，甚至會演變成被社會批判的重大案件。為了擁有自己想要的「成功」，道德、倫理好像都會瓦解。

孩子需要具備自主思考的道德觀

道德，是在群體生活中必要的價值，也是判斷善惡、義與不義等對錯的基準。如今道德的範圍越來越廣，其中也包含了能站在別人立場擁有同理心、顧慮別人，調節並忍耐自己的欲望或情緒等等。可以說，道德是人際關係中的重要價值。教育心理學家勞倫斯．柯爾伯格（Lawrence Kohlberg）說：「人類的道德會經歷六個階段的行為發展。」

第一階段是迴避處罰的行為：孩子會為了不被爸媽罵而不在家裡跑來跑去。**第二階段是想得到報酬或稱讚的行為**：孩子會因為期待爸媽給餅乾、或播電影給他看而不跑來跑去。**第三階段則是想當個好孩子、好好表現給父母看的行為**：孩子會期待爸媽稱讚自己很乖、是好孩子而不跑來跑去。第一到第三階段，適用於九歲以前的孩子。

第四階段是遵守規則的行為：孩子認知到在家裡的規則是不能跑來跑去，之後就會遵守這個規則。**第五階段是顧及並尊重別人的行為**：想到自己跑來跑去會造成樓下鄰居的困擾，就選擇不跑來跑去。最後**第六階段則是依循良心的**

行為，是尊重他人、自發性地定下道德基準的階段；即使沒有人看到，也會因為自己心裡覺得不舒服而依循道德標準來行動。第四到第六階段是出於自己心裡的判斷、屬於自律性的道德觀。當然遵守第一到第三階段的道德觀也很好，不過這時道德標準在別人身上，意思是父母的判斷會成為孩子道德的標準。而真正的道德觀是從第四階段以後算起，孩子會傾聽內心的聲音，同時逐漸形成規則、良心及同理心。

其實每個人在生活中都會接受到考驗，例如撿到錢、或是店家多找錢等等。這時如果直接把錢收進口袋，心裡會一直有疙瘩，那就是良心。不過人並不會因為長大成人、有了時間的累積，就自然而然擁有比較高階段的道德觀。

有一次我去參加大學的同學會，有很多老同學都已經是國中孩子的爸媽，聊天話題都不斷圍繞著孩子，也聊到學校要求的志工服務分數。其中有個朋友在經營療養院，他開心地跟大家說他可以幫大家做志工服務的證書。大家為了想幫孩子多爭取一點念書時間，非常樂於可以免費拿到志工服務的分數。

當時我也跟著說：「幫智皓做一份吧！」一開始我這樣拜託心裡有點沉重，不過我想這又不犯法，而且大家也都這麼做，應該沒關係。而且我想到這

張文件可以讓智皓少點辛苦，於是就自己把事情合理化。後來當我把證書拿給孩子時，他的反應讓我很意外。他說：「我又沒有真的在那裡當志工，我不需要這張證書。雖然我沒時間去做志工服務，不過缺的分數我只要在學校幫忙做資源分類、擦黑板就可以拿到分數了，媽媽你不用擔心。」當下我真的非常羞愧、整張臉都漲得發紅。**有時不需要別人稱讚，自己也能覺得滿足、有成就感；同樣地，做出錯誤行為時，就算沒有人看到，自己也會覺得丟臉、心情沉重。**那份羞愧，就是良心。

道德觀比成績更重要的原因

社會心理學的開創者所羅門・阿希（Solomon Asch）為了了解道德觀的影響，進行了一項從眾實驗（Asch's conformity research），用隱藏的相機觀察團體對個人的壓力。測驗中先讓受測者看第一張圖，上面有一條直線，再讓他們看另一張圖，上面有三條長度不同的直線，並請受測者在第二張圖的三條線中，挑出一條跟第一張圖長度一樣的線。測驗中有一個受測者和七個事先安排好的助手一起答題。當所有助手都回答明顯錯誤的答案時，剩下那個人也回答了跟助手一樣的答案。這項測驗讓我們了解到，人的思考很容易被群眾的壓力支配。我記得有一個廣告文案說：「所有人都說YES的時候還能對你說NO的朋友，就是真正的朋友。他對於YES或NO都有自己的信念。」

使用圖形文字的印第安人，用Δ（三角形）和○（圓形）分別代表初始的「良心」和磨鈍的「良心」。他們相信每個人心中天生都有一個三角形的良心。當人有不好的想法、說謊或犯罪，做一些羞恥的事情時，內心會緊張、不舒服，這是因為三角形的良心正在轉動而刺到了自己。但要是不斷地做壞事，突出的尖角就都會被磨平而變成光滑的圓形，這時就算做出丟臉的事也不會感到羞愧，不會反省錯誤，臉皮也會越來越厚。一個人做出一些錯誤的小事也懂得丟臉、羞愧，表示良心還活著。心理學家說，犯罪都是從私底下做一些很瑣碎卻錯誤的事情開始的。

生活在現在這個世界，很難要求孩子們要無止境地正直、有良心。不過有很多研究顯示，眼前沒有即刻利益也按照良心生活的人，最後一定會成功。哈佛大學羅伯．寇爾斯（Robert Coles）教授提到，**在未來社會中成功的人不是IQ（智能商數）高的孩子，而是MQ（道德商數）高的孩子**。還有一項研究也支持這個論點，研究人員以過去六十年從哈佛畢業的學生為對象做了一項調查，結果發現學校成績和成功沒有任何關係。美國亞歷桑納州立大學（Arizona State University）心理學家南西・艾森伯格（Nancy Eisenberg）也做了很多跟道德有關的研究，他發現在幼稚園的猜謎時間閉著眼睛直到最後的孩子，他們的道德指數更高，比較能適應學校，朋友關係也比較融洽。懂得調節自己並遵守規則的孩子，學業能力更優秀，克服挫折的指數也更高。

「EBS紀錄片」裡做了一個實驗，他們把道德指數不同的小朋友分成兩組，觀察道德性與同理心行為之間的關連性。結果發現，道德指數高的孩子比另外一組更少出現注意力不集中、朋友間矛盾或是過動、攻擊行為，霸凌和被霸凌的經驗數值也更低。而在克服挫折、靈活度和自我調節能力等方面，則有更優秀的表現。可以說道德是讓孩子過得幸福、成功的重要因素。

高壓式管教會妨礙道德發展

兩歲以前的孩子會說所有東西都是「我的」，他們不懂規則、常會理直氣壯地說謊，以自我為中心的特質很強。這時責備他做錯的事並對他發脾氣，他也沒辦法理解，所以我會直接做給他看，讓他學習判斷對與錯。這時期的孩子已經大概可以聽懂爸媽說的話，因此當孩子傷害別人，或做出不道德的行為時，就必須嚴格制止他。幼稚園階段是讓道德觀扎根的時期，不過如果大人一直意識自己的孩子是獨生子女，就容易教導得過於嚴厲。這個時期要是為了培養道德觀就經常處罰或是逼他遵守規則，反而會造成反效果。

很多父母以為對孩子發脾氣，就是有好好教他。其實應該是要嚴肅地告訴他，要懂得尊重別人的想法，也要讓他成為一個被別人稱讚的好孩子。**高壓式的管教只會剝奪孩子自主判斷對錯、或是發展道德觀的機會**，因為這不是孩子內在的真實想法，只是為了配合父母嚴格的標準而已，**這樣的教導會讓孩子失去思考能力**。他們反而會一直看大人臉色、不想惹父母生氣，或是會為了被認定而說謊。想當然爾，這樣的孩子在有人看的地方會遵守規範，但在沒有人看到時就會隨意違反規則或犯法。

有些爸媽在搭公車或使用一些公共設施時，會為了打折就隱瞞孩子的年齡，謊稱：「我孩子只有四歲！」我們可能以為孩子還不懂，不過當孩子看到爸媽明明說要正直，自己卻隨意說謊，就會無法給予信任。

如果孩子常說謊，與其只看結果來責備他，不如先了解孩子這麼做的原因。建議大家可以不斷跟孩子對話，傾聽他的欲望和要求，讓孩子學會不要欺騙自己的良心，也不要用不正當的方法得到自己想要的東西。孩子一旦得到了充分的愛，就不會只是根據父母的權威行動，而是會依照自己的內在價值——良心做事。如果父母認定並愛孩子原有的模樣，孩子就沒有必要說謊。

就像上節說的，我在看了印第安人用來代表「良心」這個文字的圖形之後，也反過來反省自己：「我的心是什麼形狀呢？我也是帶著道德觀在生活嗎？我真的有把良心好好教給孩子嗎？」父母的價值觀和行動對孩子而言，是非常重要的道德標準。想要培養孩子的道德觀，我應該要先培養自己對道德感的敏感度，把變鈍的良心恢復成三角形。

爸媽的行動課8

教孩子懂得享受生活，陪他玩在一起

牆上掛著板球運動隊服，四處堆著撞球台、電動遊戲機和超高性能的電腦，看起來就像是個遊樂園！這地方是哪裡呢？這是谷歌辦公室的樣子，「先玩！再工作」就是谷歌（Google）的策略。谷歌提供環境，讓職員可以開心玩樂，也可以沒有後顧之憂地投入創作。

有些科學家的開創性發現，就是來自於生活中的遊戲。天才物理學家理察・費曼（Richard Feynman）看到有人把盤子放在桿子上轉，他覺得有趣，便一直看著轉動的盤子，並列出一個方程式，之後將這個觀察繼續延伸出去，最後發現了電子軌道。黴菌生物學家亞歷山大・佛萊明（Alexander Fleming）從小就喜歡跟細菌玩，他會混合各種細菌觀察反應，後來發現了另一種顏色從沒看過的黴菌，就是最早的抗生素物質——青黴素（penicillin）。就像這樣，玩遊戲是一件具創造力的事，而谷歌公司讓職員玩遊戲的原因也在這裡。

行動專家史都特・布朗（Stuart Brown）曾說：「玩遊戲是人類強烈的原始本能，遊戲的相反詞並不是工作，而是憂鬱症。」還說：「沒辦法享受自己正在做的事、沒有時間玩，就無法在自己的領域中爬得更高。」荷蘭的文化史學家約翰・赫伊津哈（Johan Huizinga）提到：「人類的特徵在於遊戲之中。」他創了「遊戲人」（Homo Ludens）這個詞，把人定義為玩遊戲的存在，主張人類的文明發展都是出於遊戲。小說家馬克・吐溫說：「成功的祕訣就是將工作變成遊戲。」透過有趣、有意義的遊戲，才能達成幸福的生活。

生活中感官接觸到的都是遊戲

許多的研究結果都證實了遊戲的價值。美國航空宇宙最高研究機構「噴射推進實驗室」（Jet Propulsion Laboratory）深知一個事實：小時候經常用手做事、玩遊戲的人，解決問題的能力也更出色。所以在面試時，會問新人小時候關心什麼、喜歡玩什麼遊戲。

其實生活中感官接觸到的都是遊戲，遊戲專家指出玩遊戲可以讓腦部變得發達。人會透過遊戲散發出各種能量，例如想達成期盼的追求、欲望、持久力、熱情、堅定的意志等。人的腦喜歡多樣化的刺激，會為了從嶄新的經驗中找到樂趣而不斷發展。如果對一件事好奇、有興趣並投入其中，腦就會產生多巴胺，一種能帶來強烈喜悅的荷爾蒙，讓人變得更開心。**認真玩對孩子的腦部發育有很好的影響，甚至會連結到社會能力，不僅是跟人之間的人際關係，也會產生愛自己的正向能量。**遊戲是一種不會期待報酬、不會依賴別人、沒有特定目的的自發性行為，因此透過遊戲可以培養孩子的自律性、獨立性和自主性。同時，遊戲也能促進身體發育、社會性、認知能力等方面的成長。

跟獨生子女玩的遊戲非常簡單，把自己想做的事賦予意義，就可以是一種遊戲。某些人非常討厭數學，不過也有人覺得有趣。大家都有類似的經驗吧？如果是自己想去逛街，就算逛一整天也不會累；但要是得跟著別人跑，就會覺得時間過得很慢、一下子就累了。就像這樣，要是想著「必須」陪孩子一起玩，爸媽就會又累又煩。帶小孩最累的，就是覺得一切都是「義務」的時候。發明大王愛迪生曾說：「我一生沒工作過一天，因為我都在快樂地玩遊戲。」愛迪

生也算是好奇心之王，所以他可以邊玩邊做出一千五百項的世界性發明。

陪伴孩子時，大人也要樂在其中，孩子才會覺得那是遊戲。不要想著：「我必須陪孩子玩」。我自己在做家事、或是幫別人做事時，也都會想成一種遊戲。我會和孩子一起玩洗碗遊戲、捏麵疙瘩遊戲、棉被遊戲、打掃遊戲、刷牙遊戲等等，慢慢讓孩子養成習慣，把日常生活都當成遊戲來享受。孩子再大一點，我們就會透過各種運動、閱讀、電影、旅行等活動享受遊戲的樂趣。

圍繞在獨生子女身邊的幾乎都是大人，他們可能會以為大人就是世界的全部，不過其實大人和孩子的世界很不一樣。為了讓他知道這一點，我常帶孩子到外面跟別的孩子玩。到遊樂園時，身為媽媽的我會先跟孩子們搭話、自然地融入他們，我先這麼做之後，內向的智皓也會慢慢變得主動。

另外，我擔心獨生女會缺乏上進心，所以也會跟他玩「打賭遊戲」，讓他適時有緊張感和好勝心。我們會打賭餅乾或冰淇淋，玩像是剪刀石頭布、接龍、三六九遊戲*（編註：念到三的倍數和數字中含有三的數字都要拍手跳過）這種需要說話的遊戲，還有羽毛球、跳繩這類要用到器材的身體遊戲。每次孩子零用錢不夠、很想吃冰淇淋而跟我打賭的時候，他嘴饞又努力的樣子總是讓我笑個不停。有時我們也會比賽「剝豆子」。一開始他不熟練，看到我剝很快就一直怕自己會輸，動作非常慌張。我們看到彼此的手和臉黑黑、髒髒的樣子，都會笑對方笑到肚子痛。雖然只是遊戲，但看到孩子很累還是為了媽媽忍耐的臉，都覺得他好可愛。那天我用一起剝的豆子，幫他煮了一鍋他最愛的豆渣火鍋。

遊戲中也需要規則

首先，玩遊戲最重要的是要**搭配孩子的水準來玩**，而不是配合大人。我會讓自己用孩子的角度、帶著好奇心跟他一起玩。有時候我也會發現：「原來還有這種東西啊！」玩得比孩子還開心。**第二**，因為沒有兄弟姊妹，孩子很容易缺乏競爭的心，所以無論什麼事情，我都會**刺激孩子讓他產生內在動機**，想挑戰更高一個層次。

第三，跟孩子一起玩的時候，要**時常留意主導權是在孩子手上還是在爸媽手上**。要是想給孩子菁英教育就買特定玩具給他、強迫他做什麼，就會讓遊戲變成一種學習。孩子雖然喜歡有自律性的遊戲，不過要是他覺得自己又在被教育，就只會一板一眼按照吩咐行動而已。想讓孩子聰明又有創意，大人就要放

低姿態，配合孩子的角度跟他講話、讓孩子能玩他想玩的。過程中爸媽也需要停下腳步，當孩子遇到自己做不到的事情時，大人不能直接幫他完成；要讓孩子成為導演、按照孩子的意思去做，爸媽只是幫忙演出。如果孩子失敗了，大人要做的就是鼓勵孩子再去做到。**第四**，跟孩子一起玩的時候，就算只有短短五分鐘也**要絕對專心**。必須放下手機專心陪伴孩子，單純地樂在其中。

最後，要扮演他的朋友。我和智皓會輪流當彼此的學生，一起向對方學習。我教孩子怎麼滑雪、溜冰、溜直排輪、騎自行車；孩子則會教我滑板、鋼琴、玩遊戲、跳女子團體的舞。我學得很認真的時候，孩子也會稱讚我：「媽媽學得很努力耶！」孩子看到爸媽開心地跟自己玩在一起時，就會覺得自己被尊重；看到爸媽快樂時也會產生自信，知道自己是能讓別人感到快樂的存在。

第四次工業革命來襲，現在很難預測未來社會需要什麼人才。不過可以確定的是，像谷歌這樣引領潮流的企業，想找的也是懂得玩、能適應變化的人；這種人即使面臨新課題也能靈活思考，在其中找到樂趣和意義。不只是讓孩子跟爸媽一起欣賞文化活動、旅行或單純玩遊戲，而是要進一步培養孩子的思考能力，讓他成為懂得享受日常幸福的人。跟孩子一起玩，然後樂在其中吧！

爸媽的行動課9

讓孩子了解兩性平等，大人要先放下偏見

在一則國外廣告中，演出者被要求「跑得像女生一樣」。已經成年的男人、女人和小男孩，都裝出沒有力氣的樣子，亂揮手腳、跑得很慢。接著製作單位對一個十歲的小女孩提出了同樣的要求。小女孩的表現跟其他人都不同，他非常積極，努力地奔跑衝刺。製作單位問小女孩覺得被要求跑得「像女生」（Like a girl）是什麼意思，他說：「就是盡全力跑到最快的意思。」我看到影片中大人們的反應不禁思考，從什麼時候開始，「像個女生」這句話的意思只是在強調女生就一定會柔弱無力呢？

無意中的性別偏見

朋友B的兒子參觀了幾次芭蕾補習班便開始纏著父母，希望自己能去學芭蕾；不過身為爸爸的朋友B自己卻很想教兒子踢足球或打棒球，所以不准他去學。另一個家裡有女兒的朋友C也有類似的煩惱，他想讓女兒去學音樂或芭蕾，但女兒卻說想學跆拳道。他們同樣都認為：「我知道社會上都提到性別平等，可是男生可以做的跟女生可以做的本來就不一樣啊！」這種想法總是會不自覺從大人的嘴巴裡冒出來，像是有時會對兒子說：「男生要強壯、有精神啊！」對女兒則說：「女孩子要文靜一點。」看到孩子性別不同就說出不一樣的話。發現孩子有攻擊性的舉動時，一般家長會覺得男孩子這樣正常，而擔心女孩子有問題。女孩子小心翼翼不會怎樣，但如果是男孩子，大人就會露出失望的反應。

雖然近來情況已經好很多，不過**大部分的人還是會在下意識裡出現性別刻板印象**，然後用這種想法區分「像男生」或「像女生」。

有個國小二年級的獨生男孩子，會跟在女生後面抱住他，做一些沒禮貌的動作，所以我找他過來聊一聊。諮商過程中發現，這孩子更親近爸爸，他聽爸爸說：「只要男生喜歡，就要表現出來。」結果學到了「像男生」的錯誤方法。如果讓孩子對性別角色產生了固定觀念，男生就會因為周遭對男性角色的龐大期待而感到緊張與渴望，女生則就會變得消極並限制自己的角色。

作家趙南柱意識到這個問題，在《82年生的金智英》這本書裡描寫了女性被不合理地強迫扮演某些性別角色，家庭、職場上的不公平對待已經成為了日常現象。這種壓力不是只有女生才有所感受。湯尼．波特（Tony Porter）在《男人箱》（MANBOX）書中提到，大家都說「男人從出生開始只能哭三次」，讓男性不敢表現自己的情緒。外在環境會覺得男性必須負責扶養整個家庭，也因此讓男性們的生活倍感壓力。

如果強制性用性別角色要求孩子，他們還來不及有更豐富的經驗，就已經先被設限了，所以無法活出屬於自己的生活。

孩子會模仿父母來學習性別角色

身為一個健康老師，過去我就對兩性平等的議題十分關注，我希望我的孩子也能有性別平等的意識。從智皓小時候開始，我就給他小汽車、機器人、娃娃這些玩具，他很明顯比較喜歡娃娃熊和扮家家酒。本來我以為這是「與生俱來的性別差異」，男生天生就會喜歡強勢的東西、女生天生就會選擇比較柔和的東西，不過有項研究結果推翻了我的認知。

根據美國心理學家孟娜（Morna）的研究顯示，人從小時候開始就會認知到性別的差異。孩子九個月大就能區分男女穿戴的衣服和裝飾品不同；學者們讓出生十四個月的小孩聽女生的聲音，接著同時拿出男生和女生的圖片，孩子已經懂得選出女生的圖片。

研究上說，孩子到十二個月大就已經在學習自己性別角色的一切；到二十個月大就能察覺旁人對自己性別角色的要求，進而認知到男女的存在；而從十八個月大到三歲之間，他們會認知並接受自己性別的界限。孩子從出生開始就會在無意識中模仿爸爸、媽媽，學習跟自己同性別的角色，並將那角色放到自己身上。

孩子會特別關注跟自己相同性別的父母，觀察他們的舉止或樣子。進入學校或社會之後會慢慢增強，到五～六歲時就會開始模仿。男生對於男性角色會一直充滿興趣，不過女生到了九歲之後，對於女性氣質的興趣就會急遽消退，轉而開始對男性氣質產生興趣。這是因為周圍環境對女性性別角色的負面評價大於正面評價，並影響到孩子；女生步入青春期時自信會降到最低點。

很多人常說：「女生像男生就是個調皮鬼」、「男生像女生就是個膽小鬼」。不過這等於是跟女生說：「你們很弱小，大家都知道你們不強。」這樣到青春期，孩子腦中就會被灌輸既定的性別角色。不知不覺中，社會對男女的既定認知已經深植人心，而孩子們長大成人之後也會不知道問題出在哪裡。

二〇一五年加拿大總理賈斯汀．杜魯道（Justin Trudeau）就任時，讓女性十五人、男性十五人組成內閣，引起了全世界的矚目。人們好奇他為什麼這麼做，他說：「因為現在是二〇一五年。」這個世界是女性、男性共同生活的地方，他這個發言很理所當然；不過既然這麼理所當然，為何還引起矚目呢？因為社會上普遍還是認為「政治並不是該由女性涉足的領域」。

我自己也是在這種認知中，透過許多的觀察與模仿才造就了現在的我。老公家辦家庭聚會時，我發現了一件事：明明大家都是被邀請的客人，但我們這群兒媳一到婆婆家就都直接走進廚房，不過堂哥娶的那位中國媳婦就一直坐在客廳裡跟男性們一起聊天說笑。後來我們聊到，中國人覺得只有先生或爸爸可以完成很困難的料理，所以煮菜會由男生負責，女生則待在客廳聊天。中國強調男女平等，大部分夫妻都是雙薪家庭，女生負責帶小孩、男生負責做其他家事；一段時間之後，男生大多很會做家事。雖然一樣是擁有儒家思想的亞洲國家，不過中國廚房裡的景象真的很不一樣。男生不是因為天生不會做家事才叫做男生，這些都是社會學習的結果。

到現在我們多少還是會覺得幼稚園老師或護理師比較適合女生，不過瑞典的教師男女比例幾乎相同。在挪威也是一樣，女生穿上工作服跟男生一起做道路工程也隨處可見。一提到空服員，我們會先想到身材很好的年輕女生，不過如果你搭過國外航空公司的飛機，就會發現空服員都是很有力氣的中年婦女，因為他們覺得這個工作力氣必須夠大，而男生空服員則負責提供飲料及餐點。菲律賓宿霧的政府辦公室，負責事務性工作的大部分是女性，而負責打掃的有很多男性；這跟韓國的情況完全相反。看到這點時，我以前心中以男女區分工作的偏見，都一一消失了。

擁有雙性化人格（androgyny），將會是未來人才

《KBS特輯》中，製作單位以幼稚園四～六歲孩子為對象，做了一項雙性化人格和創意力的測試，結果發現有雙性化人格的孩子，創意力也比較高。創意力菁英教育領域權威、美國的艾利斯．保羅．托倫斯（Ellis Paul Torrance）提到：「雙性化人格越高，創意力、獨創性也會相對較高。」

所謂的雙性化人格跟性別沒有關係，是指一個人的人格特質同時有柔和順從以及強韌、具主導性的特徵。創意力和才能卓越的小女孩，會比同齡孩子更強韌、更積極；而創意力高的小男孩會比同齡孩子感受更敏銳，也更不積極。如果孩子能清楚了解並表現出各種複雜的情緒，他不僅會擁有自己性別的優點，也能兼備另一個性別的優點。如果強制要求成長中的孩子只能有特定的性別角色，他就越有可能無法成為未來社會期盼的高創意人才。瑞典的孩子從小對性別角色就沒有固定觀念，男生可以表達情緒，女生也可以很堅強，他們的教育方式十分開放。

二〇一六年，瑞士日內瓦的世界經濟論壇（WEF）發表了一份很有意思

的報告書，叫「工作未來大報告」。裡面提到：當時全世界進小學就讀的七歲兒童中，他們未來從事的工作有65％現在還沒出現，也說將來的工作並不是取決於性別，而是在於自己有多喜歡那份工作，並具備何種能力及適應力。

心理學家桑德拉．班姆（Sandra Bem）說：「**對於男女性別角色的固定觀念越淡，創意程度和成功機率就越高。**」如果想適應複雜多變的社會，就需要同時具備傳統上被完全區隔的男女性別特質。

蘋果創辦人史蒂芬．賈伯斯也說，往後新的競爭力出於融合。當感性與理性結合時就會產生相互效應，創造出新的文化。這時需要的人才就是同時具備男女特質的雙性化人才。電影《舞動人生》（Billy Elliot）中描述，主角比利周圍的人都希望他去打拳擊，在這些壓力下他還是選擇了自己擅長並喜歡的芭蕾。就像比利一樣，就算別人對他有偏見，他還是達成了自己的夢想。我覺得，每個孩子都需要脫離男女的限制，得到一個身為人的尊重。

父母要先了解什麼是雙性化人格

想栽培出雙性化人格的人，父母要先了解雙性化人格是什麼。大部分的人會跟兒子玩激烈的遊戲，這會讓孩子變得有攻擊性也比較強韌；跟女兒則會玩比較輕鬆的遊戲，讓孩子比較柔和溫順。另外，大人也經常會在無意識中對孩子說：「女生應該……」、「男生應該……」。這些其實都是出自於對性別的固定觀念。

不僅在家庭中，教科書、報紙、廣告、電影或電視劇也經常把傳統男女性別的角色分開來。舉例來說，國小教科書的插畫中男性比女性多30%，而將男性畫成重要角色的比例更是比女性高60%。連教科書也會把引導經濟、政治的人物畫成男性，並畫出女性做家事、帶小孩的樣子。此外，在韓國歷史名人中，男性歷史人物有世宗大王、李舜臣將軍等四十多人，但女性只出現申師任堂和柳寬順烈士兩人而已。

專家們提到，必須要先認知這些都是固定觀念。**為了培養出雙性化人格的孩子，應該要讓女孩子從事一些運動遊戲，培養他進取的個性，**而不是一直說你要文靜、要漂亮；而**對男孩子則要讓他接觸美術、音樂，也要讓他幫爸媽做事，藉此培養感受性。**

我在韓國一直都在兩性研究院裡研習，所以能意識到雙性化人格。我也想讓孩子擁有雙性化人格，變成既柔軟又堅強的人。我的第一步，就是身為大人必須小心自己無心說出來的話。我會要求自己不要說出從別人口中聽到的那些歧視性別、令人不舒服的言語；我也告訴孩子不分男女，每個人都要自由展現出情感並擁有自己的主張。孩子小的時候開始，我就讓他去做各種體育活動，也幸虧如此，雖然我的女兒很內向，但他也擁有如男性般的堅強。當其他女生都躲在樹蔭下乘涼時，他會在大太陽下享受足球樂趣、揮灑全身的汗水，與朋友間的互動也很積極。

孩子會觀察父母、老師、同儕、大眾媒體並模仿，同時發展出自己的性別角色。尤其獨生子女跟父母相處時間長，自然會從爸爸身上尋找男性特質、從媽媽身上尋找女性特質。父母要意識並留意自己對性別角色的偏見，這樣就能均衡發展孩子的雙性化人格，也能提升孩子自身的價值與能力，讓他活出真正的自己。一開始就對他說：「跑得像你自己吧！」

爸媽的行動課 10

讓孩子學會品嘗美味，營造出幸福的用餐氛圍

以美食家身分聞名的法國法官布利亞．薩瓦蘭（Jean Anthelme Brillat- Savarin）曾說：「開發一款新的菜色遠比發現一顆新行星更讓人感到幸福。」人不僅是為了得到身體能量，也是為了快樂與幸福而尋求料理。料理文化越發達的國家，名廚也會像好萊塢明星一樣有名聲、地位，甚至被當成藝術家。

美國神經學家麥克．格爾森（Michael Gershon）發現，**製造95％幸福荷爾蒙的地方就在腸道**。幸福荷爾蒙「血清素」（serotonin），大多都在腸道生成，它能安定心情、提升幸福感並調節壓力指數，這就是為什麼人們在用餐時可以感受到幸福。

我的飲食生活哲學就是：「早中晚三餐好好吃，就是一種進補。」所以我都會構想能攝取均衡營養的菜單。一天吃三餐，一年就有一千餐那麼多。不好的食物會對身體產生負面影響，因此我也會讓孩子吃到優質食物，避免即食食品。為了養成正確的飲食習慣，從孩子小時候我就讓他吃各種不同的食物。聽說非洲某個族不吃雞蛋，他們覺得不能吃下一個尚未誕生的生命；這讓我了解到文化上的飲食差異也會讓人對食物產生固定觀念。於是後來我在評價一項食物的時候，我更重視口味與營養，而非顏色和外表。

因為我想讓孩子吃各種食物，所以我們也會像逛遊樂園一樣一起去買菜。會一起觀察蔬菜和魚的顏色，也會一起去試吃，先問孩子覺得味道如何再買回家吃。

早餐以蛋白質為主

對於整天必須動腦、動身體的成長期孩子而言，菜單中必須均衡包含五大營養素。尤其青少年一整天念書，消耗更多能量，所以提供腦部營養的早餐就非常重要。英國卡迪夫大學（Cardiff University）研究團隊指出：**「早餐能幫**

助腦部活化，長期下來也對增進體力與維持健康很有幫助；專注力還有認知能力也會變好。飲食習慣對人腦活動的影響幅度，甚至可從10～65％。」早上習慣不吃早餐、導致營養不夠，就會出現成長遲緩或免疫力下降的情形，也容易被細菌或病毒感染而生病。

「正確的飲食習慣勝過遺傳。」就像這樣，九歲前的飲食習慣很重要。我媽媽可能也知道這個研究結果吧！我小時候開始，只要沒吃早餐就不能去學校。當時的習慣成了我一輩子的習慣，而我也一定會讓孩子吃早餐。我會觀察孩子當天的狀態，準備適合他的營養食材；我會邊準備上班邊做早餐，然後留一點時間跟孩子一起吃飯聊天，再開始一天的行程。

我不會隨便讓孩子吃湯泡飯，而是會準備孩子喜歡的營養料理，**食材以蛋白質為主**。就算只有一餐也要吃得認真、美味，所以我每天準備的菜單都不一樣，也常常需要去買菜。我們家人數很少，要是東西買太多還沒吃完就壞掉了，所以我買菜都買很多種，但數量都不多。週末或大賣場晚上特價時，我也會去買牛肉、豬肉、雞肉、鴨肉、培根、海鮮等營養高的蛋白質食物。回家先把肉和蔬菜等大部分的食材處理過，分一～兩人份的小包裝，放冷藏或冷凍保存。

早餐我也會簡單煎個肉、煮道湯、再配上沙拉、青菜或泡菜，讓孩子可以均衡吸收五大營養。偶爾罐子裡剩一點飛魚卵，我就會再切一些醃蘿蔔，炒成一道香氣濃郁又好吃的魚卵飯。

營造歡樂的用餐氣氛

要餵年紀很小的獨生子女吃飯，其實很困難。智皓沒有兄弟姊妹、都是一個人吃飯，有時他會突然沒胃口、吃到一半睡著、或是一直咬都不吞下去。他吃不下時，我就會帶他去外面走走。孩子開心地消耗掉能量之後，馬上就吃得下了。另外我也會像玩遊戲一樣問他：「白飯姐姐跟我說，你要全部吃光光，好不好？」就算他把飯粒噴得整桌都是，我也會稱讚他：「你會一個人吃飯耶！」不管他是要喝水或吃飯，我都會準備打不破的塑膠碗，讓他每天都可以自己挑來裝。

人們對於自己的選擇，都會想要負責任，如果從碗到配菜都讓孩子自己選，孩子就更能吃得下。孩子拒絕吃飯時，我不會拿著碗追著他、勉強他吃，我會準備簡單的飯菜，不會給他任何零食。只要不吃零食，孩子就能好好吃飯。

我非常重視孩子身上的兩件事，有時甚至有點過頭，就是要讓他的嘴巴和耳朵開心；而這兩件事在餐桌上都能做到。擁有美味食物的幸福感也會讓我們之間的對話變多。我跟媽媽講電話時，媽媽都會先問我：「你吃飯了嗎？」最後要掛電話時也都會說：「要好好吃飯喔！」很多電影或小說裡也會提到，擁有溫暖的一餐或一句話，就能展開新的人生。茱莉亞・卡麥隆（Julia Cameron）在《創作，是心靈療癒的旅程》（The Artist's Way）這本書裡說：「幸福不是來自於成功，而是從生活中關心日常瑣事感受到的。」我今天也準備了溫暖的一餐和溫暖的一句話，想像著孩子幸福的模樣。

冬天我媽媽在準備餐點時都會先把碗盤弄熱，在開飯前盛好飯跟湯。因為熱過的碗盤有熱氣，就能一直吃到熱飯和熱湯。食物，也會有心的味道；美味的一餐，就是我給孩子最棒的愛。

第3章
專為獨生子女設計的教養法

育兒經驗百分百，
獨生子女爸媽的實戰訣竅

分齡教養法1

0歲~1歲：只需要給他最溫暖的擁抱

這時孩子第一次來到世界，我也是第一次當媽媽。智皓在我這個新手媽媽懷裡總是不太舒服，常睡一睡就突然驚醒大哭；我也不知道他哭是因為肚子餓、尿布濕還是其他原因，嚴重時連我都想跟著一起哭。當時我睡不好也吃不好，一心只期盼孩子能吃好、睡好就好。那時我才知道為什麼別人都說：「寶寶還在肚子裡就是最輕鬆的時候。」

每當孩子一哭，我媽媽就會抱他，每次我都問他為什麼要一直抱著，我覺得他那樣抱下去手會受傷，而且之後連我一個人帶孩子也必須跟著一直抱。我媽媽說如果放任孩子哭，他脾氣會變差，所以需要常常抱著他。等孩子滿周歲

之後，幫忙照顧的保母也都會仔細觀察孩子的狀態，常抱著他、背著他，我想正是因為這樣，孩子才能這麼平順又健康地長大。

腦部急速發育的高峰期

小孩出生一年內，腦部會接受周圍環境的刺激而成形，這段期間對腦部給予的刺激比寶寶在媽媽肚子裡時重要。這時孩子對正面和負面的刺激都會有敏感反應。人出生時腦部只發展了四分之一，而在第一年內會比原本的三百公克重增長三倍多，達到一公斤重，是最活躍的發育期。雖然這時的孩子只會吃和睡，卻是人一生中腦成長最多的時期，堪稱是腦部「急速發育的高峰期」。

我們的腦有三種構造，最下層的「腦幹」負責調節生命反應，第二層「杏仁核」負責調節情緒和本能，最上層的「前額葉」則負責理性和知識。每層腦會依序逐漸發育，同時相關的情緒調節、理性發展能力也會一起成長。

〇～一歲時最先充足發展的是第一層的腦幹，腦幹掌管跟生命有關的食欲、睡眠欲、以及想遠離危險被保護的欲望。這部分必須被滿足，下個階段的第二層杏仁核領域才會成長，感性與情緒也才會跟著發展。想被保護的欲望會從視覺、聽覺、嗅覺、味覺、觸覺等五種感官傳遞。

其中皮膚又被稱為「第二個腦」，因為皮膚神經跟腦連結在一起，**孩子透過觸覺感受到安定時，對腦部發育也會有正面影響**。意思是父母或旁人擁抱或背著孩子時，藉由觸覺傳達，孩子就會覺得自己受到保護，腦也會快速發展。教育心理學家萊納德．史布萊格爾（Reinhard K. Sprenger）提到：「腦有社會性，身體會隨著肌膚接觸成長，所以應該要多多擁抱孩子。」如果想讓孩子正確成長，就要給孩子積極的反應和五感刺激，尤其要常常擁抱。孩子從肌膚接觸感受到安全感時，也會培養對世界的信賴。

擁抱甚至能拯救瀕臨死亡的孩子。有張照片，是一對僅五個月就出生的早產兒雙胞胎，姐姐抱著妹妹。一出生之後，妹妹的生命狀況越來越差，在掙扎之下，父母和醫療團隊雖然明知道會違反規定，還是決定將兩個孩子放在同一個保溫箱。不久後，原本還無法撐起自己身體的姐姐，就向妹妹張開自己的手，像是擁抱般環繞住妹妹。那時本來狀況不穩定的妹妹，心臟脈搏奇蹟似地穩定了下來。又過了不久，妹妹的血壓和體溫更是逐漸恢復正常。這個奇蹟故事讓我知道，擁抱能讓生病或難纏的孩子變得安穩且健康長大。

制式化教養法其實是無知下的產物

有部分的爸媽堅持要按照國外教養書的規則養小孩：不常擁抱孩子，而是用方法讓他自己玩、自己睡；哺乳和睡覺時間也都精準地用一個小時為單位去規定；孩子再大一點就要另外睡，讓他自己調節睡眠時間。還有，孩子哭也不能抱他、哄他，要等他自己停下來。教養規則說，若要讓孩子養成固定的生活習慣，只能在規定的時間照顧小孩，就跟大人過的規律生活一樣。

這種**制式化教養法，其實是過去沒有科學分析的時代使用的方式**。十九世紀時期，光是人與人接觸也會引發傳染病，為了預防疾病感染就讓孩子另外睡，這就是制式化教養法的開端；如今西方仍然沿用這些流傳下來的方式，讓小孩睡另一張床。美國一位小兒科醫師提出一個育兒規則，就是規定餵食、安撫和擁抱的時間，這個方式受到了爸媽們旋風式的歡迎。不過我試用這個方法沒多久，發現孩子比以前哭得更嚴重、更頻繁。他肚子餓想被抱、或睡到一半驚醒覺得害怕時爸媽都不會來，孩子因為這樣而感受不到安全感。

我這麼認為是有根據的，加拿大有研究結果指出：「越常擁抱，小孩哭的次數就會越少。」研究中將孩子分成兩組，一組孩子在平常就被擁抱超過三小時，另一組則沒有，並在六週後做比較。擁抱超過三小時的那組孩子，哭的次數明顯減少很多。由此可知，平常就要經常擁抱，孩子才不會容易不耐煩，而是能有安全感。

教養專家潘妮洛普・李契（Penelope Leach）博士也針對二百五十五名六歲孩子進行調查，結果發現**在喝奶時期被擁抱帶大的孩子，精神更健康，行為發展也比較沒有問題**。他說：「如果放任孩子哭鬧超過二十分鐘，就會產生皮質醇（cortisol）壓力荷爾蒙，對腦有不好的影響。」另外也提出說：「孩子哭到最後停下來，並不是學到自己睡的方法，而是因為得不到幫助、覺得失望，筋疲力盡才睡著的。如果放任孩子哭鬧，會對孩子的腦造成傷害，也會出現發育方面的問題。」睡到一半醒來，是孩子在確認自己安不安全，如果這時是在爸媽懷裡就能很快再次睡著。

美國兒童管理與青少年發展研究中也發現，對孩子極年幼時的照顧會影響到青少年時期。在〇～一歲之間爸媽都對孩子沒有任何反應的話，會影響壓力荷爾蒙的分泌調節，孩子一輩子都會不自覺有潛在的不安。尤其在青春期十五歲左右，更會由於壓力荷爾蒙分泌異常，導致精神不安的情況更嚴重。

〇～一歲時如果沒辦法對父母產生信賴感，孩子在這世界上就會生活得很辛苦、困難。心理學家海因里希．克魯爾（Heinrich Klüver）和鮑爾．布西（Paul Bucy）利用猴腦研究負責情緒調節的第二層構造——杏仁核。他們發現，這部位受損的猴子無法分辨食物能不能吃，遇到原本猴子最怕的蛇也不會避開，反而會毫無畏懼地上前攻擊。這些猴子從出生就沒有得到父母的照顧，第一層腦幹發育遲緩，而第二層杏仁核也沒辦法正確成形，而失去控制情緒和調節的本能。

沒看到爸媽或聞到爸媽的味道，孩子就會不安、害怕，導致心裡無法發展開心、幸福等正面的情緒，只會發展悲傷、憂鬱等負面的情緒。

觀察身旁孩子會發現，缺乏同情心、會狠狠殺死青蛙、做出虐待動物的殘忍行為、有反社會傾向的人，他們腦部裡負責調節情緒和本能的杏仁核已受損。而出現這結果的共同原因就是他們在很小的時候曾被周遭的人拋棄，或是在成長過程中一直聽到非常嚴重的侮辱性言語、肢體上受到毆打等等的虐待。因此他們在情緒領域上的發展無法憐憫其他人、或是感受到悲傷。

了解孩子需求的高敏感度

愛〇～一歲小孩的方法，就是不斷幫孩子解決吃飯、睡覺、上廁所等維持生命的基本要求。此時，父母需要具備的就是積極反應，及正確掌握孩子需求的能力。一開始孩子哭的時候很難判斷原因，會不知道他是肚子餓、想睡覺、尿布濕，還是哪裡不舒服。後來我觀察並確認孩子平常的睡覺、吃飯時間，就慢慢能知道孩子要什麼。孩子只會用哭來傳達自己的不舒服，所以父母一定要夠敏感。

孩子肚子餓或需要換尿布的時候，如果**爸媽積極回應、馬上減少寶寶的不舒服，這種經驗累積下來就能讓孩子產生信心，對爸媽、對這世界都會產生信賴感。**

即使孩子很乖、都躺著不太會哭，也需要愛和關心。孩子就像鏡子，會一五一十映照出爸媽的樣子。當孩子微笑、哭泣、咿咿呀呀、玩小東西、模仿大人的時候，我都會因為他太可愛而看著他、對他笑、跟他說一些正面的話。我會緊抱孩子或親親他，充分表達我的愛，孩子有一點小小的動作我也會回應。孩子看到爸媽的反應就更能感受到愛。除此之外，洗澡時我也會幫他按摩、摸他的頭，給孩子細微的皮膚刺激，促進腦神經發展。

孩子出生到兩歲前，如果爸媽餵他喝奶、擁抱他、陪他玩，說話、唱歌或讀書給他聽，孩子的腦就會發育到75％。小時候充分得到的愛會成為他的身體記憶，在他長大成人後也能幫他度過積極正向的生活。

分齡教養法2

2歲~3歲：開始逐步放手，讓孩子自己嘗試

孩子會走路之後就會離開爸媽的懷抱、獲得自由，在家裡到處爬來爬去。看到孩子拼命地一個人往前衝的樣子，我總是覺得很神奇，不過同時也會怕他撞到什麼而受傷。孩子看起來很乖巧，卻會把家裡有抽屜形狀的東西統統拉開、翻箱倒櫃，還會把媽媽的化妝品擦在臉上、穿爸媽的衣服等等，變成一個到處闖禍的可愛搗蛋鬼。

他開始會用短短的字、一下子講好幾次來表達自己的意思。有天我想拆餅乾，他就說：「我，我！」然後想幫我打開。我看他很難自己打開，就說「媽媽幫你開」，結果他就開始哭，吵著要自己開。我完全拿他沒辦法，看到他堅持的小臉暗暗覺得好笑，而且這時如果孩子發現你給的不是他要的，就會鬧脾氣。

孩子還不會走路的時候，我已經習慣什麼都幫他做好，後來就算到了他自主學習的時期，我還是會習慣性想幫他完成。不過，孩子對世界充滿了想探險的好奇心，看到我把事情做完就會不開心。孩子學走路的時候，我看到他到處亂走，就很擔心他會撞傷，常常不自覺地想過度保護他。他每次都一定要跳出來自己做，有時事情不順利他就會耍賴、不聽話，我也會擔心他長大後是不是會很沒禮貌，想著到底要不要滅滅他的威風。

不過，二~三歲的孩子做出一些幼稚行為是很正常的。孩子出生時腦部只發育20~30%，一直到三歲前，藉由周遭環境的刺激和經驗，會讓腦慢慢發育到80%。腦部的發展可以從孩子身體的活動觀察並了解，而且也會逐漸擴展到身體、認知和精神等其他不同的領域，讓孩子開始認知到「我」這個自我概念。

養成習慣的絕佳時期

這時期的孩子會照自己的意思活動身體，像走路、跑步、丟球、爬樓梯、騎三輪車、上廁所等，會覺得自己可以決定事情很有趣。在自我主張和欲望的增強之下，他也會越來越想嘗試。因為對這世界充滿好奇和想像，所以也常常會拉著大人的手一直往外跑，任何事情都要試試看。這時他會認為自己是世界的中心，也非常固執。

二～三歲是第二層感性腦——杏仁核發育的時候，孩子會開始學習如何調節自己的身體和行動，同時學習控制情緒的方法。透過累積下來的經驗一步步脫離自我、嘗試分辨自己與別人的不同，跟大人會更親近、想被稱讚和肯定。會想被爸媽以外的大人稱讚，也會遵守排隊之類的簡單規則，並開始傾聽其他人的要求。

不過，因為還無法隨心所欲使用身體，所以有時也會不耐煩；初次嘗試卻一直不順利就會生氣、覺得悶。孩子每件事都是第一次嘗試，可能隨時會產生不舒服的情緒，結果就會變得不看場合就直率表達，常常說不要、反抗大人，執拗又喜怒無常。尤其是在疲憊、想睡或被限制的時候，這種反覆無常就會更嚴重。

其實這種反抗是一件健康又自然的事，而且在確實表達喜好的過程中，他的自我也會隨著發展。這時的孩子還不太會跟別人一起玩遊戲，占有欲很強、喜歡受注目、說一些很明顯的謊，他們只會注意自己、不會注意別人，也看不懂別人的臉色。

雖然這個時期的孩子出現反抗行為很正常，但如果父母不了解孩子發展階段的話，就會出現一些差錯。大人可能會覺得只有一個小孩，不想讓他長大以後沒禮貌就過度管教，或覺得孩子不夠成熟就什麼事都幫他做好，但在這樣的處理方式之下，他就會缺乏自律性，也很難進一步學會肯定自己。過度的控制或保護，會讓孩子覺得自己的意見都不被接納，能親自嘗試的機會都被父母剝奪了。

孩子生氣或反抗在成長過程中是很理所當然的舉止，但不能因為這樣就忽略背後的原因。反抗都其來有自，因為孩子還不會用完整的話語來表達意思，所以會用耍賴、哭鬧來傳達不安和不滿。**這時是生活習慣扎根的重要時期**，所以要更關心、更照顧他，從吃飯、穿衣服、睡覺、整理玩具、上廁所等日常小事，到探險遊戲、畫畫等，都是很好的經歷。

忍耐三分鐘，孩子更幸福

當孩子說他想喝牛奶時，我就會在旁邊看著他、不讓他灑出來，或是幫他握著塑膠杯讓他自己喝。就算他喝得地板上到處都是，我也不會責備，而是會告訴他應該用什麼方法清理，帶領孩子主動去處理善後。他穿鞋的時候，也會具體說：「要把腳腳整個伸到鞋子裡，把鞋子後面拉起來，再用腳扣扣地板就穿好了。」因為我是養育獨生子女，才有比較多時間一一教他方法、在一旁等待。我會建議**不要因為沒時間就出手幫小孩處理，只要等三分鐘讓他自己做到，他就會變得更幸福**。事情不順利時，我會在旁邊給予協助，鼓勵他別害怕失敗，勇敢再試一次。

如果孩子每次都一定要自己做，我會先告訴他自由選擇的界線。不能一味地放任他耍賴或反抗，需要先定下容忍的範圍，讓他知道自己再堅持也有不能做的事，清楚畫出範圍不讓他越線。如果遇到孩子洗澡想要賴著玩很久時，我就會跟他說：「再玩一下下就要起來囉！」或是轉換氣氛、讓他覺得我們等一下有別的活動，這也是不錯的方法。這樣孩子會覺得爸媽接受自己的要求而感到安心，也會很高興自己有掌握行動的能力。

定下界線時要把「絕對不能做的事」和「可以討論的事」分開，尤其是關於孩子生命、安全，還有禮貌這些部分，絕對不能讓步。如果他堅持不吃藥而

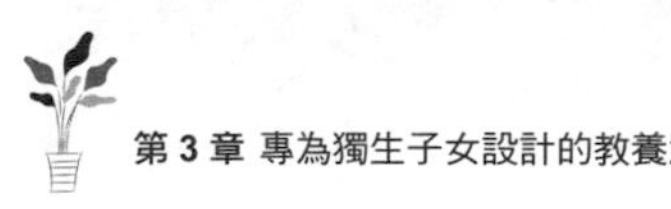

影響到健康，或是在公共場所亂跑阻礙到別人，就要立刻制止並處理。有時候孩子可能會覺得保母都說可以，可是爸媽不接受，那爸媽一定是討厭自己。如果讀懂孩子這樣的內在心情，在畫界線時一定要從愛的角度清楚說明大人的擔心，像是「我擔心你生病」、「我怕你受傷」等等。要是這麼說了，他還是情緒激動而停不下來的話，就可以抱著孩子、讓他感受到爸媽的體溫，用身體告訴孩子：「爸媽是因為愛你才限制你的。」

另外，要先避開可能有危險的環境，讓他待在一旁時也要隨時留意看著，這非常重要。這時孩子的肢體活動很多，如果想培養孩子的自律性，就必須先為他準備一個能確保安全的環境。例如在家裡的門邊都放上門檔讓孩子的手不會被門夾到，還有大人在用很利的刀子或剪刀時一定要留心，另外藥品、清潔劑、肥皂等物品也要收在小孩碰不到的地方。流理台、冰箱、馬桶等也都要裝上固定裝置，讓孩子無法隨便打開。

擁有安全的環境，這樣就不需要一直對孩子說「不可以」了。尤其孩子在這階段喜歡畫東畫西，智皓也很喜歡畫畫。我因為不想阻止他，所以直接放棄家裡裝潢，牆上、地板上都貼了可以畫畫的紙，讓他可以盡情地畫。

有時看到孩子急著找爸媽、一個人孤孤單單的樣子，我心裡也會很難受，擔心他會不會因為沒有兄弟姊妹而感到寂寞。不過讓他一人獨處時，我就發現孩子光是看一隻螞蟻就可以看很久，他可以獨自專心地在那裡觀察並自得其樂。如果大人認為孩子自己一個人玩很孤單、無聊，在孩子不需要也不想要的時候陪他說話、陪他玩，反而會妨礙並干擾孩子的專注力。

此時孩子的專注力和創意力都正在增長，當孩子沒有請求幫忙時就不要干涉。讓他自由地玩、不用太操心。孩子無聊的話，也不要只是禁止他看電視、不讓他打電動，應該要陪孩子一起玩。而且主導權不要握在媽媽手上，而是應該交給孩子，用這樣的方式陪他玩。

另一方面，萬一爸媽已經試著讀了孩子的心情，孩子卻還是覺得不舒服、不斷反抗，就要檢視看看是不是大人的過度保護和掌控讓孩子覺得不滿。很多時候，孩子會露出不耐煩的樣子或是有攻擊性的傾向，都是由於「孩子覺得父母阻擋了想要獨立的自己」。當大人考量到孩子的腦部尚未發育完全，面對孩子耍賴時就能減少想打罵小孩的狀況。孩子雖然想獨立，但也會怕自己沒被保護。不能妨礙孩子自由，也不能對孩子漠不關心，這段時間常會遇到尷尬的拉

鋸戰。

孩子滿兩歲前需要絕對的保護，父母要幫孩子處理一切、讓孩子得到百分之百的照顧。不過到了二～三歲就要減少照顧範圍，慢慢地讓孩子自主，而爸媽也要轉換成在一旁協助的角色。就像孩子成長過程中會換不同的玩具，同樣地，爸媽也需要變得不同。

分齡教養法3

4歲～6歲：奠定人生基礎，陪他玩、陪他閱讀

記者採訪一位諾貝爾獎得主*（一九七八年物理學獎得主卡皮察Kapitza），問他是在哪所大學學習才能擁有如今出色的成就？他說：「是在幼稚園。」記者以為他在開玩笑，於是又問了一次，結果他回答：「我在幼稚園裡學會把自己的東西分給朋友、不是自己的東西不去拿、東西整理整齊、做錯事要道歉、吃飯前要洗手，還有要對這世界充滿好奇、仔細觀察周遭事物。」並強調了幼稚園教育的重要性。教育學家羅勃．傅剛（Robert Fulghum）也提到：「我真正該懂的一切，都是在幼稚園學到的。」

四～六歲的時期會奠定一個人在往後生活中需要的一切知識、技能、道德觀和人性基礎。此時孩子會脫離爸媽，轉而接觸到老師、同儕團體等人際間不同的關係，正式開始社會化。

 孩子開始會理解別人的情緒

四～六歲孩子的腦會成長為成人大小的90%。如果在前一個階段已經發展完調節情緒的功能，這時期就會正式快速發展腦的第三層——前額葉，也就是掌管語言能力、感性、邏輯思考等負責下判斷的腦，所以創意性思維也會更活躍。**這段期間，孩子會逐步將各個認知能力統合起來，同時具備社會能力。**

由於思考範圍擴張，孩子會開始享受學習過程，並對某些東西產生好奇心。對他說明大人做事的原因時他能理解，邏輯能力、記憶力和創意力也會增加，會讓父母覺得他好像長大了。這時的孩子可以說一整天的話、不用休息，對感興趣的遊戲也有驚人的專注力。記憶力會變好，能記得難念的恐龍名稱；會懂得調節情緒，能忍住傷心或生氣、過一陣子再用適合的言行表達自己的委屈等。**在發展智力的同時，顧慮他人的同理心、感同身受的能力也會跟著發展。**

他們開始懂得考慮別人、合作、溝通、遵守規則，也會想在家裡或幼稚園中幫助別人。我生病時智皓會跟我說：「媽媽很不舒服對不對？」然後抱抱我、安慰我。另外這時期的孩子在盡情嘗試、玩樂的過程中，會感受到成功並擁有自信。這份「自己能做到任何事」的自信增長，會讓孩子想要學大人做事。不過他們還無法真的跟大人一樣，所以他們會想像自己擁有超能力、或是會想擔任隊長或公主的角色。

跟父母有健康依附關係的孩子，在朋友間也容易有親密感，尤其會自然融入同性朋友中並遵守其中的禮節和規則。在團體內，孩子會跟朋友比較、對自己的存在有正面或負面的認知，逐漸了解自己和別人的標準或立場。幾個人一起拼拼圖或拌家家酒時會學習分配角色，遇到不守規則的人會起爭執，然後慢慢找到解決方法。在調節每個人的想法時也可能要放棄自己的意見，藉由這些活動能讓孩子注意到公正、平等、正義等觀念，讓他們懂得分辨好壞。

大人的處罰或稱讚，也會讓孩子認知到什麼好、什麼不好並發展出良心；朋友間也會討厭不守規矩或帶來傷害的人，不想跟他一起玩。雖然這階段孩子腦部尚在發育，精神和社會性還未成熟，卻會想學習社會生活中需要的習慣，

像是禮貌、有秩序、節制、愛乾淨等等。

別堅持「一定要多教一點」

芬蘭孩子在幼稚園畢業、念國小前有一個考試，用來測驗其專注力、忍耐力和自我管理能力。很多國小一年級的老師說，要有專注力坐在桌子前、有忍耐力一直做同一件事、也要有情緒調節能力不傷害其他人，才能好好上課；這些能力都需要事先透過遊戲培養。不過，有些著急的父母會覺得要先培養學校需要的能力，或至少要能聽懂語意，就先教孩子跟課業有關的部分。大人可能以為在遊戲時加入教學和規則，也算是讓孩子玩；但是這樣的遊戲就像在念書，孩子會失去興趣。

例如畫畫時沒有給孩子想像空間，就告訴他葉子要塗綠色，或要他照大人的建議畫，他就會因為怕被評價而不敢有新的嘗試。這時候不要堅持「一定要多教他一點」。即使孩子每件事都不太熟練，也要陪孩子找出他喜歡的事，**他會在遊戲和經驗中知道世界的規則**，並懂得自己尋找解答。玩遊戲是人的一種本能，也是一種生活，**尤其對獨生子女來說，遊戲可以成為他的手足。**

把日常生活當成遊戲，更有機會稱讚他

如果只有我跟小孩兩個人長時間待在家裡，孩子就會纏著要我陪他玩，玩到最後想不出還能做什麼，有時也滿頭痛的。不過我後來發現根本不用擔心，因為家裡的一切都可以當成玩具。現成的玩具容易玩膩，但如果是孩子自己做出來的玩具，他就會一直有興趣，也會有成就感。

跟智皓玩的時候，家裡的東西就是我們的玩具。外面賣的玩具差不多都長那樣，而我會把變形的鍋子、湯匙、塑膠碗、箱子、保特瓶、報紙、色鉛筆、漿糊、剪刀等分類好、裝進小箱子裡，讓智皓可以帶著玩。他一個人的時候也會從那個寶盒裡拿出各種東西組裝在一起，發明新玩具，這種方式也能不斷培養他的創意。

當他玩玩具玩到膩的話，就塞個小餅乾給他，他也能玩得很開心。例如我給他吃「鯨魚王」餅乾時，會讓他找找袋子上有幾隻鯨魚、說鯨魚的故事、讓他畫鯨魚、把他喜歡的歌唱成鯨魚歌，或是讓他演鯨魚。我不只念鯨魚故事書給他聽，也會引導孩子從遊戲中學到知識。總而言之，要用各種方法了解孩子喜歡什麼、對什麼事專注。

只玩現成玩具的孩子，很難找到機會稱讚他，如果讓他自己做東西來玩，可以稱讚、鼓勵他的機會就會變多，也能讓孩子更有自信。我不會直接用大人的想法要求孩子，而是給他空間和時間，讓他自由、專注、盡情地創造。父母太過強調規則，孩子就會缺乏獨立思考的能力和好奇心。

此外，這時期必須釋放孩子過剩的精力，所以我常常會帶他到附近的公園、學校運動場等戶外場地，跟他一起運動、活動身體。身體動得越多，腦中就會分泌越多的幸福荷爾蒙——腦內啡，可以幫助孩子調節壓力、產生樂趣並增進自信。

萬一天氣不佳或時間不便而不允許到戶外，我就會在家裡鋪墊子、做報紙球，或穿上有輪子的運動鞋等，用一些小器材來玩運動遊戲。**還有，我也會把倒垃圾、打掃、整理、洗衣服、做飯之類的家事，當成遊戲跟孩子一起玩，**這樣能稱讚和鼓勵孩子的事就會變得更多。明尼蘇達大學（University of Minnesota）的馬堤・羅斯門（Marty Rossmann）教授說：「從小就幫忙做家事的孩子，人際關係很好，學業和工作也會成功。」

培養孩子閱讀的習慣

對於無法親身經歷的事，讓孩子累積間接經驗也很重要。**透過閱讀能讓孩子接觸到他沒經歷過的世界，並激發想像力和創意力。**我自己在很疲憊、辛苦的時候，也會從閱讀中獲得共鳴、得到安慰，然後慢慢解決問題；因為我的孩子沒有兄弟姊妹，獨處時間比較多，所以我希望這個閱讀的習慣能成為他人生的力量。

平時我也會在睡前讀書給他聽，這個時候他的專注力會提高，大人讀書的聲音也能安定他的情緒。雖然他已經會認字，但閱讀時要是忙著認字就很難培養想像力，所以我到國小高年級前，還是持續念書給他聽。而且讀書給他聽，孩子也會認為父母把時間留給自己，這在情緒層面也有正面的影響。

想讓孩子養成正確習慣，與其一直念他，不如告訴他跟習慣有關的故事，跟他討論、讓他實踐並列出確認清單、適時鼓勵他。神奇的是，你會發現讓你生氣、碎念的事變少了，孩子也會懂得主動去做事、更積極正向。

一起練習換個立場思考，「假如我是他……」

智皓以前非常害羞，去遊樂園都不敢先開口跟別的小朋友說話，只會在他們身旁繞來繞去。我察覺後就會先帶頭去跟小朋友搭話、一起玩，之後智皓也能自然加入。等他適應環境、有了同年齡的朋友，我就會順勢退出，讓孩子們自己玩。試過幾次之後，智皓就比之前更敢去跟其他小朋友說話。孩子們玩的時候偶爾也會有爭執，這時我都盡量抑制自己萌生「我唯一的小寶貝，誰敢動他！」的念頭。雖然我也想直接幫忙解決，不過最後我還是都讓孩子們在爭執中去摸索出解決方法。

小孩在七歲前還缺乏處理負面情緒的能力，偶爾讓他感受一下這些情緒也不是壞事，我也會花時間讓他說出真正的心情。這時期，大人也別忘記要讀懂孩子的內在情緒；當孩子看到父母仔細聽自己說話，就會覺得被愛、自己很有價值。

有時孩子做錯事，大人可能想到：「是不是他一直都一個人才會這麼自私？」然後想放棄給他空間的決定，開始責備孩子「你為什麼這麼貪心」、「怎麼都只想到自己」等等。**與其直接罵他，不如問：「你這麼做，朋友會怎麼想呢？」讓孩子練習試著站在別人的立場上思考**；或是說「你這麼說，爸爸、媽媽很難過」，讓他懂得感同身受。平常也可以想像一些情況劇，像是「假如我是某某某……」、「要是我遇到那種狀況……」等等，**自然帶入情緒並讓孩子了解狀況**。

如果孩子本來跟爸媽分開睡，我會建議父母可以在他生氣那天陪他一起睡，接納孩子難過的情緒。像我的情況，因為要上班、沒辦法花很多時間陪他，所以我會利用一起睡覺時，聊聊他一整天的心情，並認同孩子的情緒狀態。聊到心情不好的事，我會拍拍他、抱抱他，先解開他的心結，讓他能繼續跟朋友玩在一起。

不過，如果看到孩子跟二~三歲一樣，只要一無法適應朋友關係或團體生活就找爸媽、想要什麼就一直耍賴，或是不如意就情緒爆炸，發現這些情形就需要檢視親子間的依附關係有沒有正確建立，還有大人是不是過度保護或管教得太嚴格。

對於沒有兄弟姊妹的獨生子女來說，在四到六歲時期，遊戲是一份禮物，

讓他可以提早接觸世界、並且學習社會生活。遊戲不僅會影響身體，也會連帶影響到情緒、智力、社會能力等各方面的腦部發育。要先讓孩子在學習這世界的過程中覺得快樂、有趣，在接下來面對全然陌生的國小生活才會充滿好奇，而不是感到害怕。

分齡教養法4

7歲～10歲↓讓孩子喜歡念書也會念書

一則公益廣告名叫《父母的模樣》，其中提到了「父母」和「學生家長」的差別：「父母看得很遠，學生家長只看當下；父母陪伴孩子，學生家長擋在孩子眼前；父母希望孩子擁有夢想，學生家長不給孩子做夢的時間。決定從學生家長走回當父母的那條路，就是真正教育的開始。」

我很早就下定決心，在孩子念國小前我都只當「父母」。不過當他上一年級，看到他的聽寫成績後，我就開始在父母和學生家長之間搖擺不定，因為真的會覺得眼前的成績就是孩子的未來。看到成績再想到「要相信孩子、讓他擁有自律性」就覺得茫然，而且我腦中一直浮現「成績＝成功，要成功才會幸福」

這條公式，忽然覺得好像只有補習班或家教才能解決問題。

以前的我，看著孩子背書包上學的背影就覺得內心悸動，後來卻體悟到一句話：「大人很想在孩子念書時幫他，卻很難把自己的知識都教給他。」然後也因為智皓的態度，讓我的挫敗感更加明顯。本來他平常都會開心地跟我待在一起，後來卻會避開我；應該是要快樂念書的時期，卻對功課失去興趣。我心裡急著想跟他一起開心念書，這個欲望越來越大卻難以實現，於是我不斷煩惱：「**真的沒辦法讓他同時擁有幸福的童年和好成績嗎？**該怎麼做才能看得更遠、讓他擁有夢想呢？」

不要為了考試分數犧牲跟孩子之間的關係

孩子在七～十歲時期，會繼續發展大腦第三層的前額葉中掌管理性和邏輯的領域，這也是學業最需要用到的範疇。低年級主要會發展語言和聽覺能力，到了更高的年級就會開始發展空間感和立體感，還有數學、物理等方面的思維。心理上會希望自己做的事能被旁人肯定、稱讚，也會努力接受這世界並認真學習來形成勤勉的精神。獨生子女研究中，為這時期下了個定義：「孩子會從大人間的關係中接收各樣經驗與刺激，對於自我概念和知識的好奇心也會大幅增加」。

研究學習動機的資料也顯示，絕大多數的孩子是想讓父母或老師開心，或為了得到稱讚而念書。教育學家愛德華茲・戴明（Edwards Deming）說：「所有人都想從自己做的事情上得到自信，也都想做出有用的貢獻。」只要爸媽喜歡就會努力去做，也會想負起責任，這是孩子們的本能。因為他們都想聽到：「我相信你能做到。」

想培養出孩子念書的意願，七～十歲是最適合的時間點。不過前提是，親子關係要良好，也要在相信孩子的基礎上養成他念書的習慣。

養成讀書習慣的三個條件

第一，想讓孩子把書念好，親子關係一定要好。英國教育學家潘蜜拉・柯爾特（Pamela Qualter）發現，原本智力和成績相近的學生，到了越高年級、成績落差就越大，而那差距主要來自於情緒調節能力。越懂得管理時間、情緒、壓力的人，成績也會越好。而這樣的自我調節管理，深受親子關係的影響。

智皓國小一年級的時候，我常為了要確保根本保證不了的未來，而犧牲幸福的當下。每當這種時候又會想到「現在要幸福、以後才會幸福」，於是改變主意，努力放下貪心，不再想著一定要把唯一的孩子栽培得比別人優秀。

腦科學家說，刺激感性的腦，就能活化負責記憶力的海馬迴；也就是說，心情好的腦念書效率也會變高。海馬迴會儲存暫時記憶，然後只挑出認為需要長期保存的部分轉為長期記憶，能長期記憶的時段，就是開心快樂的時候；相反地，壓力荷爾蒙皮質醇（cortisol）會讓負責記憶與學習的海馬迴受損。小孩的腦比大人更敏感，如果一看到孩子就逼他去念書，或處罰他考試錯了幾題，之後即使孩子想學也會做不好。

後來我改變自己的心態，重新跟孩子玩在一起，享受共同相處的時間。因為放下了對成績的執著，我開始會稱讚孩子小小的努力，也產生感激的心情。而孩子也會想成為父母的驕傲，而主動要求自己的成績。不該為了考試分數犧牲親子關係，因為孩子自己比任何人更想有好成績。

第二，對孩子一定要有信心。即使一樣努力，有些孩子還是拿不到好成績，於是大家就認為要有「會念書的頭腦」成績才會好，時間一久就說遺傳對念書有很大的影響，不只是疾病或天賦，所謂的遺傳基因對念書領域也適用。緊接著，父母們就用成績或ＩＱ指數這種客觀分數說孩子「頭腦不好」，結果太早下定論而限制了孩子的發展。

然而認知神經科學家卡西・普賴斯（Cathy Price）花四年的時間，以三十三名青少年為對象研究ＩＱ指數，後來發現：「ＩＱ是不固定的，因此環境因素不同，可能在短期間內出現很大的改變」。智力不會一次發展完就停下來，而是會越使用越發達；持續付出努力的孩子ＩＱ會提升，什麼都不想做的孩子則無法成長。

一篇哈佛大學的研究說，念書受到遺傳因素的影響最小。智力對學業成績的影響，在國小是50%、國中是30%，到了高中則剩下20%；年級越高，智力對成績的影響就越低。也就是說，成績問題並不是遺傳或智力，重點在「學習力」。雖然也需要天生才能，不過80%的關鍵終究是專注力、忍耐力和自我調節能力。

父母首先要認定所有人的出發點的確不同，應該讓孩子感到安心，並營造一個有助於培養專注力、忍耐力和自我調節能力的環境。最重要的是，不要用

眼前成績斷定孩子的未來，要相信孩子擁有無限能力。

第三，要在生活中自然養成念書習慣。包含國小課程在內，孩子最少要念十二年的書，父母無法在這段期間中時時陪著孩子。如果孩子根本無心念書，父母只是緊抓著拖他前進，只會導致親子關係惡化，徒增大人的無力感而已。要讓孩子認知到念書是自己的事、沒有人能代替，然後養成規律念書的習慣。為了養成智皓每天念書的習慣，我會善用時間和空間，讓孩子有自律和成就感，並主動管理自己。

智皓小一的時候，大約花十五分鐘就可以完成國語和數學的學習單。隨著年級越高，念書花的時間也越多，在他念書時，我也會跟他一起討論問題。另外，我會讓孩子自己調整休息和念書的時間；準備考試時，我也會在旁邊一起看書，或在中間休息時間陪他一起動動身體。等他上了高年級，不僅專注力進步，也已經熟悉適合自己的讀書方法；同時也養成在學校預習和複習的習慣，在上課前先把要上的內容看過一次，上完課再花五分鐘整理。

我身為一個上班族媽媽，下班前不得不把小孩交給補習班。我選擇的補習班不是要念書或做作業，主要是以遊戲為重。我讓智皓自己選擇他想學什麼，像是畫畫、鋼琴、芭蕾等等，如果學到後來沒興趣了就不會讓他繼續上，而他一直有興趣的就是英文和跆拳道。我下班、孩子也從補習班回來之後，我們會一起坐下來，瀏覽一下每天的確認清單，聊聊今天過得怎麼樣、覺得哪裡辛苦。

最後，我會建議親子需要一起閱讀。在語言和聽覺發育的這時期，讀書給孩子聽可以幫助腦部發育。新聞工作者李察．史提爾（Richard Steel）提到：「閱讀對精神的影響，相當於運動對身體的影響。」並強調閱讀的重要性。培養孩子閱讀的習慣，能間接帶給孩子多種不同的經驗。等孩子到高年級學習數學或社會等要求思考能力的科目時，會需要對文章和資料的理解力，以及統整各種資料的能力，而閱讀正是最好的基礎，是一切學習的開始。

讓孩子認為：「是我自己做到的」

要讓孩子認為，念書的習慣和經驗是他自主培養的。幫孩子養成念書習慣，不是要幫他咀嚼消化知識，而是要打造盛裝知識的容器。智皓只有覺得做不到的時候才會拜託我幫忙，其他的事都會先想辦法自己去做。不僅是念書和功課，其他事情也幾乎都不用我幫忙，他會先一個人努力嘗試。不過，要是一

開始就給孩子太難的課題，他們就會感受不到喜悅。如果孩子已經三年級卻還沒完全弄懂二年級的課程，讓孩子另外上課也是不錯的選擇。念書也跟玩遊戲一樣，要給他適合的難易度，讓他在獲得回報時能產生成就感。

孩子自主式的學習需要逐步增加，二年級左右建議可以讓孩子擁有50%的主導性。為了做到這點，從低年級就必須開始養成習慣。智皓一年級的時候，我沒有幫他檢查聽寫作業，連通知單都讓他自己看、讓他自己準備該帶的東西；如果遇到不太順利的地方，我會在一旁觀察狀況，鼓勵他再次嘗試。我所做的就只有建議和稱讚而已。偶爾我會讓孩子當老師、我當學生，給他機會展現學校學到的內容。

另外我也會把自己用過的有效念書方法分享給他，後來孩子的成績就慢慢變好，也更有成就感。看著他一點一點成長，我也為他開心、不斷鼓勵他，他也覺得自己讓父母驕傲。這時的父母可以稱讚並鼓勵孩子做到的事，成為他的啦啦隊隊長。

分齡教養法5

11歲~12歲 幫孩子找到他擅長的事

小時候智皓常跟爸媽待在一起，不過到了十一~十二歲，他課餘時間就會跟朋友去遊樂園或看電影。對獨生子女來說，朋友就像是兄弟姊妹，所以比起有手足的孩子，朋友的影響力會更大。

智皓一上了高年級，跟朋友來往、相處的時間變多，也會默默在心裡跟朋友比較。有天他問我：「媽媽，我擅長什麼？」那瞬間我心想：「他擅長什麼呢？為什麼這麼問？」後來我想到那時他們班剛好在準備才藝表演，他跳舞的動作比同學不順才這樣問我。他不太會跳舞、美術課上畫畫也畫得不出色，那時我緊緊抱著他說：「你擅長什麼呢？你很會笑、很會吃、很會睡也很會上廁所呀！」結果他噴笑著說：「唉唷！什麼啦……」孩子因為腦變得發達、思考

能力提升，就算周圍的人沒有拿他跟別人比較，他自己也會跟旁人比較並開始出現自卑感。

讓他在自己擅長的事情上找到自我價值吧

智皓有個同學在班上表現非常優異，他媽媽還是要求他必須事事做到完美，因為比起擅長的事，他更關注孩子沒做好的事。學校常以教育之名而忽略個人差異，只是一律要求學生做好每件事，但其實這樣反而會帶來傷害。如果父母只重視學校成績、管制孩子的生活，孩子就會完全不了解自己擅長什麼、想做什麼、為什麼這樣想。習慣於被動的小孩，更容易產生自卑感而不是自愛。

孩子到了高年級時期，腦部的枕葉區塊會變得發達，對科學或數學的思考能力、邏輯能力、抽象思考力都會跟著提升，也會觀察自己並跟別人比較。跟朋友相處可以培養自尊感、社會能力，但同時也會因為比較成績、才能或受歡迎的程度而陷入自卑中。不光是自己跟朋友比，有時還會說「誰的爸媽如何如何」，比較父母或家境。孩子會像這樣慢慢脫離自我中心的城堡，開始意識到別人的目光和想法。有一項研究指出，人的自尊感從三年級開始就會下降，到了六年級會減到最低，而過程中跟同齡孩子間的互動量也會逐漸增加。

有一個J同學說他頭痛，就來保健室找我，我看他好像快哭出來了。J同學很會念書也很正直，不過最近他遇到一個問題，他發現自己能寫出學習單上每個問題的正確答案，可是問到他的想法時，他就會完全寫不出來。他從六年級開始，只要一到考試時間就想上廁所，而且狀況越來越嚴重。他來找我的那天也是考試時間，他考到一半去廁所，不敢再回教室，就到保健室來了。J同學是名獨生子，他媽媽會幫他做好所有的事，最近考試考不好，他就覺得自己什麼都不會，也被朋友排擠，過得非常辛苦。

也有人是獨生子女卻過得很有自信，一般來說這樣的孩子都正確了解自己，並認清人與人之間的不同，知道自己跟別人擅長的不一樣，想法很正向。他不會只注意自己做不好的事，反而會更重視自己擅長的部分。

假如在十一～十二歲，自卑感多於自尊感，孩子就會因為適應不了自己青春期的樣子而放棄自己。如果想讓孩子的自尊感，進一步促進他的學習動機，並讓他擁有正向的力量，首先父母必須正面看待孩子。積極正向的心，就從尋找擅長的事開始。

想培養出自尊感，一定要找出一項孩子喜歡、擅長的事，再進一步讓他連念書和其他活動都做得好，這就是所謂的「乘數效果」。如果孩子在某個領域中發揮能力、自尊感提升，連帶就會想在其他領域中做好；意思是，當他在數學領域得到第一名，也比較容易在其他科目拿到第一名。康乃爾大學的史蒂芬・塞西（Stephen Ceci）提出一個乘數效果的例子：書念得好一點的小孩會覺得自己「做得好」，而變得喜歡念書並感受到學習的快樂，所以會做得更好，在念書時變得更努力。乘數效果的第一環節就是「覺得自己做得特別好」。覺得自己做得好，是延續良好循環最重要的第一步。而且這一步不只在念書，在運動、音樂、品行等各方面都能形成良好循環。

如何在自己的位置上成為第一名

實際生活中要如何培養才能呢？除了與生俱來之外，在提早開始時、練習更多時，被稱讚「你做得很好」時，才能就會開始發展。研究指出，得到父母全面支持的獨生子女，他的成就動機和自尊感都特別高。不論是何種型態，「做得好」並不是客觀事實，「你很特別」也是一種主觀感覺。不過**覺得自己做得**

好時，就會因為乘數效果而提升自信和自尊感，孩子也會懷抱相關的夢想。

擁有夢想就會懂得忍耐，在描繪自己期盼的未來時，也會產生能克服枯燥過程的力量。孩子擁有夢想，就會開始描繪自己的大學生活、長大後做喜歡的工作並獲得成功的樣子。美國耶魯大學的入學新生中，在一進大學就能用文字具體描述自己目標的學生，占不到全體學生的3％。不過二十五年後，這些人擁有的財產比其他97％的學生資產總和還要多。具體的想法、目標、計畫、行動、實踐，還有必定達成的信念，這些都會讓夢想變得可能。

孩子在低年級時透過各種經驗了解自己擅長的部分，考慮自己的夢想是什麼，到高年級就容易找出自己喜歡的活動。為了讓孩子知道自己的喜好、才能，父母一定要幫助孩子藉由忍耐擁有做得好的感覺。

夢想越具體越好；而孩子夢想大小的關鍵在於父母。問年幼孩子以後想做什麼，他們常會說想當歌手或藝人，因為他們只接觸到電視上的藝人而已。到了高年級就需要更多跟未來出路有關的經驗；為了能更真誠地溝通，可以跟孩子去旅行、體驗不同的文化，幫他找出夢想。他想學什麼就讓他學，一個領域只需要集中學習六個月左右，就會對自己的才能或夢想的具體計畫有幫助。

教導孩子掌握自己性格的正確方法非常重要，性向測驗種類很多，像是MBTI（個性類型指標）、九型人格學（Enneagram），還有各種智能理論測驗。做過這些測驗，孩子就會認真思考自己的性向是什麼，自己有什麼才能。根據教育學家霍華德．加德納（Howard Gardner）的多元智能理論，人除了過去IQ領域中常用到的閱讀、書寫、默背等單純知識領域之外，還有各個面向的智能。加德納認為人的智能分為語文、數理邏輯、空間、肢體動覺、音樂、人際、內省、自然等八種。用這項理論來分析成功人士們，會發現三個共通點：**「天生的才能」、「享受自己喜歡的事物」、「克服困難並反省自己的內省能力」，這些就是決定成功的關鍵。**前南韓職業足球選手朴智星從小就喜歡足球，也展現出很高的運動智能和內省能力；知名諧星劉在錫小時候就喜歡人群，人際智能和內省指數也非常高。為了了解並掌握孩子喜歡什麼、有哪方面的才能，父母需要不斷努力。

找到喜好，培養出自己的夢想

幸福指數世界第一的丹麥，之所以能成為最幸福國家，是因為教育會幫每個人找到自己的特質。有一名丹麥自由學校畢業生表示：「學校會認定每個人的特質！幸虧如此，我才能深入思考並觀察，也找到自己一定要達成的夢想。」在法國被稱為藝術巨擘的墨利斯・雪佛萊（Maurice Chevalier）曾說：「別人是用歌喉歌唱，我則是用心臟歌唱。」他連學校都沒畢業，卻能成為最棒的音樂劇演員，因為他在歌曲中擺上了性命。意思是，我們也都必須瘋狂到付出生命去做，而**人唯有做自己喜歡的事才能如此瘋狂**。

孩子到高年級，父母就會著急地思考他的學業、出路；另一方面，孩子們也會因為朋友改變自己的夢想，或不太清楚自己有什麼才能、想做些什麼。對於這時期的孩子來說，這些都很正常；就像每棵樹開花的時間不同，同樣每個孩子展現出才能的時間也不同。父母記得這時要幫助孩子尋找有興趣的領域，也要相信他未來會大放異彩，然後不要操之過急。

最重要的就是要具備喜歡的事、才能和忍耐力這三大要素，就能成為專門領域中成功的人。再聰明的人也不可能從事所有職業，人只要有一件擅長的事就行了。擁有才能、一直做喜歡的事，就能說自己過得很好。正向看待自己時，才能和夢想也會更加成長。**有夢想的人不會把考試當成「目標」，而是會當成**

「成功的過程」，也不會因為某次成績患得患失，更會專注在規劃更好的未來。

懷抱夢想的孩子臉上會生氣勃勃、更有光彩。比起有很多孩子的家庭，我養育一個獨生子女，相對在經濟上更有餘裕可以支持孩子，也能有時間去了解孩子擅長什麼、關注什麼。讓他參加體驗型學習活動，學鋼琴、小提琴、芭蕾、跆拳道、溜冰、英文等，並讓孩子一步步找出自己的才能和想做的事。

智皓撇嘴問我：「媽，我擅長什麼嗎？」我回答他：「你英文很好、很會溜冰，擅長的很多啊！」他同意地點了點頭。我接著說：「為什麼很會溜冰呢？因為你很喜歡，而且比別人更努力練習呀！就像這樣，比你更會畫畫、更會彈鋼琴的同學，也是因為他們覺得有趣、比別人更努力練習。每個人都有二十四小時，擅長的人是因為他們喜歡、投資時間並付出努力造就自己的才能。」做得好的意思，就是不要放棄自己喜歡的事。如果持續努力，那部分就會變成你的才能、職業。《獨生子女的未來》（The Future of Your Only Child）的作者，心理學家卡爾．皮克哈特（Carl Pickhardt）也主張：「獨生子女在年幼時得到的最大禮物，就是當自己最好的朋友。」如果想讓他專注於自己的優點，並為了那部分投入更多練習、付出努力，就一定要先幫他找到喜歡的事。

分齡教養法6

13歲～15歲→讀懂孩子的內在情緒

孩子專心看電視或打電動，聽不見大人叫他吃飯；天天忙著跟朋友講電話、傳訊息；制服亂放，房間裡襪子、內衣丟得到處都是……看到這樣的孩子，心裡難免一直碎念。我想催眠自己孩子很可愛，卻常覺得可愛不起來。

雖然我沒有想傷孩子的自尊，但有時候他也會煩悶地亂發脾氣，對著我大叫：「我叛逆期啦！」然後跑回房間、把門關上。就算我常跟自己說，可以理解孩子正處於青春期的不安定狀態，心裡累積的情緒偶爾還是會爆出來。不過我後來還是會選擇相信孩子、整理心情，耐心等他打開房門，再跟他開玩笑說：「唉唷怎麼辦，你叛逆期，媽媽更年期耶……」這時他就會向我道歉說不知道自己為什麼這樣，也對自己的改變感到混亂。

父母除了面對青春期孩子的情緒，還要擔心他的課業，越過這山還有那山。智皓在國小時很會讀書，但上了國中卻好像不用念書一樣，整天無所事事，時間一久我就有點著急，覺得心裡快爆炸了。後來果然不出我所料，他的生活型態完全反映在分數上，看到他的考試結果我都快昏倒了，甚至懷疑「他真的是我小孩嗎？」遇到這種情況，有些爸媽甚至會跑去尋找宗教慰藉來安慰自己疲憊的心。

在變化劇烈的孩子身邊保護他，對父母來說並不是件容易的事。仔細觀察會發現除了留意孩子，父母本身也有要注意的地方。獨生子女本來跟父母長時間累積了深刻的依附關係和親密感，不過**漸漸地孩子會脫離父母、跟朋友相處的時間也越來越長，父母也會因此覺得不安，希望孩子可以像以前一樣聽話地留在自己身邊，然而這種想法就是親子間衝突的導火線。**

孩子青春期因為荷爾蒙的變化，一天內心情會改變十多次，自己還不知道該怎麼辦，如果再加上覺得父母無法理解自己，就會想被朋友理解。當孩子開始要脫離父母並獨立的時候，如果親子關係讓孩子不知所措，他就會更難找出自己的本質。

給孩子時間仔細觀察自己

想理解孩子，就要先了解青春期的腦部構造。從國小五六年級到國三這段期間，是他從孩子階段跨越成為大人的過渡期。他會察覺自己的身體慢慢轉成大人，大腦會分泌性荷爾蒙和成長荷爾蒙，連帶心理和精神方面也會跟著出現變化。孩子看到男性化或女性化的自己可能會很陌生，覺得自己變得像是浩克或費歐娜一樣不認識自己，甚至不知道該怎麼辦。臉上接連不斷冒出來的痘痘、某天突然造訪的月經或夢遺……，經歷每天的身體變化，他們也會開始錯亂：「我到底是小孩還是大人？」而在身體發育成大人的同時，腦也會再次出現巨大改變。

到了這階段會進一步發展腦的第二層——負責感性的杏仁核，因此這時孩子無法理性判斷或思考，會顯得衝動、情緒化。意思是，他們不太會考慮長遠的未來，只會判斷當下開不開心、是不是有趣就去做；會容易興奮到無法專心，或是玩到很晚、早上爬不起來。這時他們心情也會很敏感，情緒、思考、行動的平衡都會被打亂。還有，睡得多也會讓大人覺得他們很懶散。因為刺激睡眠的荷爾蒙——褪黑激素（melatonin）會比以前延遲兩小時分泌，而這也會讓孩子比平常更晚睡晚起。另外，前額葉的視覺功能也會同時跟著發展，所以孩子會注重並比較自己跟朋友的外貌，會想買跟朋友同個牌子的衣服，也會迷上偶像或運動選手。由於這些身體、精神上的變化，無可避免的混亂和不安就會蜂擁而至。

青春期不只是混亂期，也是從孩子轉為大人的重生期。「我是誰、我要做什麼、我該怎麼生活」，為了了解這些，他們會開始否認「孩子」的自己，轉而尋找「大人」的自我。在富蘭克・鮑姆（Frank Baum）的《綠野仙蹤》（The Wizard of Oz）這本書中，主角桃樂絲在奧茲國遇到了三個朋友，分別是稻草人、鐵皮人和獅子，他們都希望能找到各自缺乏的價值：智慧、人性和勇氣，於是就結伴上路了。在奧茲國這個幻想世界旅行的過程中，他們發現原來以前一直追求的價值早已存在於自己身上。就像是奧茲國的朋友們，孩子也需要體會自己身上蘊含著珍貴寶藏。

過程中他們可能會抗拒這世界，感到混淆或無力，但這也是尋找自己的必經之路；**必須完整經歷十三～十五歲的煩惱與混亂，才能確立人的本質**。心理學家瑪莎．林納涵（Marsha Linehan）提到，透過這種「健康的特質」反而能讓人找到真正的自己。這時的他們可能沒有夢想，或沒有明顯的特質；不過在這段混亂的期間他們該做的就是經歷煩惱、深入思考，如果沒有思考，恐怕會錯失想做些什麼的機會。

父母要是看到孩子辛苦就難以忍受，選擇直接幫孩子處理、決定道路的話，往後他就會找不到自己的路，從選擇將來工作到處理人際關係等方面都會遇到困難。如果過去一直讓孩子配合這世界和父母的期待，那麼至少從十三～十五歲開始，就要開始準備讓他以大人的身分過自己的生活。建議可以讓孩子有不同的體驗，像是去旅行、閱讀、或是做自己喜歡的休閒活動等，讓他累積經驗。最近社會也因為了解到這方面的必要性而出現了自由學期制＊（編註：韓國國中都有一個學期完全沒有考試、強化戶外職業體驗）等等，不過最重要的還是父母認知上的改變。長大後能成為成功大人的是堅強、成熟的孩子，而不是成績好的孩子。在這條人生路上，父母要做的就是確保孩子的安全，即使晚一點也要讓孩子找到自己的出路。

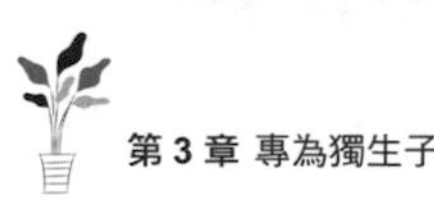

一有空就告訴孩子你有多麼愛他

青春期的孩子會離開父母、強烈渴望自由，所以必須尊重孩子的自律性。一般認為每個青春期的孩子都會反抗，但並不是所有人的狀況都那麼嚴重。不過通常在進入青春期之前一直被父母規定、管制的孩子，抗爭現象會更激烈。小時候聽到的嘮叨、壓迫等日積月累，就會成為負面情緒的催化劑讓孩子爆發出來。我有一位朋友，他兒子原本跟他一樣是個很聽話的模範生，到了青春期，兒子開始穿一些很前衛的衣服、把頭髮染成非常特別的顏色以表達反抗，我朋友選擇用嘮叨和脅迫管教他，結果造成更強烈的反彈，後來兒子甚至離家出走。他用自己當標準來評價兒子，滿意就肯定他、不滿意就否定他，這舉動直接導致了青春期的家庭戰爭。

就像翠娜・鮑路斯（Trina Paulus）在《花盼》（Hope for the flowers）這本書中說的，要讓孩子看見希望。原本活得毫無意義的毛毛蟲「斑」想尋找新的生活，後來發現了一根很高的毛蟲柱。所有毛毛蟲都覺得爬上毛蟲柱就會找到一生的意義，於是開始了激烈的競爭，開始往柱子頂端爬。雖然大家都覺得那裡會是個幸福的地方而往上爬，但其實那只是人類留下的一根柱子而已，盡頭什麼都沒有，最終，毛毛蟲「斑」也失去了變成蝴蝶的機會。想讓孩子化為蝴蝶飛翔，就要告訴孩子「成為自己」的方法。讓他在朋友、家人關係中，找到自己的價值吧！關鍵就在父母身上。

獨生子女沒有手足可以討論，必須獨自經歷青春期，所以更需要有人了解他的狀況和心情。當他吵著要買朋友都有的昂貴東西時，別馬上拒絕他，先對他說：「我們再想想好嗎？」讓他了解狀況並說出自己的心情。如果父母擁有通融、柔軟的思考方式，就更容易能接受孩子有些脫序的舉動。即使大人用再溫柔的聲音規勸孩子、對孩子說話，他還是會認為那是嘮叨，不如用名人說的名言做成卡片，跟零食一起給孩子。比起家裡大人的嘮叨話，社會名人所說的話，對孩子的意義就會不同。

對待十三~十五歲的青春期孩子需要理性。他自己一天下來心情就起起伏伏十幾次，如果大人也用同樣情緒化的方式對待他，親子戰爭就無可避免。別跟孩子的情緒正面衝突，用更寬容的標準給他時間，讓他變得成熟，也時常給予肯定、鼓勵。雖然表面上他會執著地想脫離父母、反對父母，但**他內心深處**

依然期盼能得到父母真誠的關心和愛；當父母接受他混亂、無能的樣子，孩子就會停止混亂並找到更好的自己。

一有空就要告訴孩子你有多麼愛他！這時是他最需要愛的時候。而我常會讓自己這麼想：我的孩子成長得好看又健康。因為幼小的身軀正在長大，全身一定癢得快發瘋了。就算我沒辦法幫他抓癢，也要了解「原來你這裡癢啊」，然後感同身受、等待並擁抱他。這樣孩子就會覺得自己被尊重，心裡也會覺得安心。

分齡教養法7

16歲～19歲：支持他做自己喜歡的事

好不容易過完青春期，接著還有另一座山要爬：高中就要決定未來前途怎麼走。韓國就讀大學的比例是70%，大部分的人都會念大學，於是大學考試不再是單純考取想要的學校，變成了搶進主流名校的戰爭。大考戰爭越演越烈，而成績也變成最大的壓力來源。雖然教育體制講求多元，但成績還是評價的標準，不管哪個管道都會先看成績。也因為如此，孩子不會先選適合自己的大學、職業，而是會熱衷於「名校」。

每班能進入SKY大學*（編註：韓國三大名校，首爾大Seoul、高麗大Korea、延世大Yonsei的簡稱）就讀的學生是極少數，雖然念不了的人占絕大多數，但這些

孩子在面臨未來的路時，好像還是都會被當成「失敗者」。按照成績進了大學、念到畢業後，還要繼續累積各種資歷、在就業門檻前大排長龍；過去令人欣羡的浪漫大學生活、同學排隊到企業裡參觀的時光，都成了很久遠的故事。幾乎可以想像每個人的未來：首爾大學的學生準備公務員九級的考試、全校第一名想當老師……就算從好學校畢業也沒辦法做自己想做的事，我們的大環境淪為這種低度成長的社會。現在大學畢業找不到工作的青年失業者，已經超過一百萬人；在這樣的情況下，我想斗膽地建議所有孩子們：**「你，一定要找到屬於你的路。」**

讓不喜歡的事變成工作，會痛苦一輩子

十六～十九歲的孩子在社會、道德和身體層面都正準備成為大人，這時期也是決定前途和工作的重要時機。高中畢業後的決定也是影響前途的一大主因，而這時決定的前途目標也可能變成一輩子的工作，所以應該要根據自己的生活目標和潛力，謹慎建立具體的未來目標。除了考量個人的能力、興趣、特質、個性、價值觀、身體條件、家庭環境之外，也要訂定計畫、收集相關資料，

讓孩子有足夠的時間選擇，同時也要讓孩子對生活擁有熱忱。

不過現實中在選擇未來道路時，大家總是會先想到成績或家庭狀況，而不是個人能力和興趣。於是孩子在不知道為什麼要念大學、失去夢想的情況下，就只剩這個目標：「大家都上大學，所以我也要。」如果一直到高中時期孩子都只是在念書，那麼突然面臨抉擇未來道路的瞬間就會經歷一場混亂，根本不知道自己喜歡什麼、擅長什麼。

孩子無法抉擇自己未來，其中一個原因就是「資訊不足」。全國二萬多個職業，一般學生在生活中看過的不過數百個而已，也因此孩子會以為媒體上接觸到的藝人、醫生、檢察官等就是所有的職業，有時連父母也會這樣。然後就會忽略個人才能、興趣或特質，按照成績選擇被社會認定的工作。很多人都先考量工作穩定、錢賺得多、別人說好等條件，然後照成績或父母意見做了決定，等念完大學、進入職場才又重新選擇一次。如果是在不了解自己的興趣、喜好之下選擇這份工作，就算當個再怎麼穩定的公務員、或到令人稱羨的大企業上班，最後還是會離開、重新摸索新的路。**因為是用外在原因決定未來，所以即使做了原本目標的工作也無法感到滿足。**

臉書創辦人馬克‧祖克柏（Mark Zuckerberg）在貝拉港社區學校（Belle Haven Community School）的畢業演講中提到：「如果做自己真正想做的事，一切都會變得輕鬆。」一個機構研究一千五百個企業家，當中有一百零一個億萬富翁，這些人都是把自己喜歡的事當成工作。可以說，「做自己喜歡、符合自己特質的工作」是絕對必要的。

讓人生幸福的要素有家人、朋友和工作，其中工作更是在個人幸福和自我實現方面扮演非常重要的角色，有如影子一樣陪自己一輩子。如果連把喜歡的事當工作都會有壓力了，那一輩子做自己不喜歡的工作，會覺得生活多沒價值呢？大概就像沒辦法跟心愛的人一起生活吧！

每個父母都不想逼孩子到細如針孔的機會前排隊，我也是。智皓是獨生女，所以我能一心一意地陪他找到喜歡的事並當成自己的職業；我相信，**一直做自己喜歡的事，就會找到自己想要的工作**。我總是希望孩子能透過不同的經驗找到自己想做且擅長的事。有句話說：「所有人都走同一條路時，喜歡那條路的人會走最快」。自己想做、跟覺得需要而去做的人，兩者的差異十分明顯。

不要白白浪費孩子的人生

未來學者阿爾文・托夫勒（Alvin Toffler）說：「韓國學生一天花十四個小時學習將來工作不會用到的知識，這是在浪費時間。」雖然我非常認同這句話，但也不能讓孩子不去上學。「父母要培養孩子未來會用到的真正實力」。這並不是要讓孩子進入大企業、或做很厲害的工作，而是要打造孩子的個人特色。工作型態雖然會隨著時代變化，但工作本質不會變；建議**讓孩子仔細觀察自己，找出能讓自己滿足的工作**。不是單方面去看最近世界上出現了什麼新工作，而是要幫孩子找到他自己擅長的事、然後再連結到工作。首先就是給孩子時間，讓他想想他喜歡什麼。

智皓也會煩惱：「媽媽，我以後可以做什麼呢？我到現在還是不知道自己會做什麼、想做什麼。」這時的他跳脫了茫然的夢想，開始具體思考往後要做什麼工作，我也會從旁幫助孩子了解自己。我會關心他，從個性、特質、潛力，哪個部分學得快、對什麼感興趣、內向還是外向、有什麼理想、身體條件如何等等無所不聊。孩子會分析自己的興趣、偏好、價值觀；而我也會用媽媽的身

分說說我對他未來的期待。

我也運用學校輔導老師的工具，像是性向測驗、職業興趣調查、職業偏好調查等測驗，另外我也讓孩子持續透過不同的經驗探索自己。我會去了解他感興趣的工作、讓他親身體驗看看，或是找這領域的專家詢問最新資訊。丹麥的社會企業家實驗學校（KaosPilot）也是像這樣，用專案課程的方式找出社會問題來解決，是一間注重理論和技術經驗的學校。這所學校的一位畢業生說：「因為直接著手執行平常遺忘的夢想，所以我能明確設定清楚的方向、知道自己為什麼念書、也知道該怎麼生活。」

通常只要智皓下定決心，成績就會進步，但唯有碰到數學就沒輒。雖然他想念好也努力了，卻一直不順利，甚至覺得自己的人生要被數學決定而生氣。看到他這樣，我說只要花十年持續去做自己想做的事，就能成為那領域的專家，也鼓勵他專注在自己的優點上。「美食家不是找出美味食物的人，而是品嘗出食物原有味道的人。」同樣地，我也不是想把孩子教得很會念書，而是想培養他原有的才能。後來智皓決定不再為數學頭痛，轉而專心在自己的優點上，他發現自己有語言方面的特質，也有興趣。他說以後想在國際機構幫助人、和各式各樣的人一起工作，定下了具體夢想並為此做準備；有了具體的夢想之後，他就一步步朝目標邁進。智皓想去留學，我就上網收集留學資料、寫下優缺點，並了解費用和各大學的背景。

孩子選擇未來前途時，家庭的經濟狀況也很重要，還好我們是雙薪家庭，又只有一個孩子，所以能充分成為他的後援。剛開始我先生反對讓他出國，覺得孩子還小，不放心他一個人到國外；後來智皓為了夢想不斷說服爸爸，終於得到爸爸的同意。而且為了讓他更快適應，我們送他到外國人的寄宿家庭，雖然身旁的人難免會擔心，但他還是背著背包獨自上了飛機。有目標的他適應得很好，跟在韓國死記所有內容的課程不一樣，他很喜歡國外要求思考和體會的上課方式。放假時他也會去暑期學校修教育課程，高一暑假他就去遊學，念了兩年之後從那裡的高中畢業。他一個人準備要上大學的所有資料，也順利錄取了加拿大多倫多大學和麥基爾大學這兩所學校。後來他覺得法語對國際機構影響很大，待在魁北克也能同時學到法語，於是選擇了魁北克的麥基爾大學。就這樣，他自己樹立了夢想的目標，並朝那方向前進著。

希臘神話中有位國王名叫西西弗斯，因為侮辱神明而受到懲罰，要在陡峭

的山坡上不斷把石頭往上推，但岩石會一直滾到谷底，然後他又要重新再推一次，不斷重複同一件事。希臘人所能想到的最大刑罰，就是像這樣一直做一件沒目標又毫無意義的事。

在漫長的人生旅途中，一直穿著不合的衣服會有多麼不舒服呢？了解自己的個性、**選擇適合自己的職業，即使工作一整天也會覺得享受，而且因為符合自己的特性，所以在工作上成功的機率也會更高。**孔子說：「知之者不如好之者，好之者不如樂之者。」我希望孩子能和喜歡的人做喜歡的事，讓他活出自己；也因為只有他一個孩子，所以能這麼做。

教養8守則1

恰當又具體的稱讚，是進步最大的動力

電影《沒有比這更好的》中，男主角是個愛情小說家，不過他根本沒戀愛過，因為他個性乖僻、愛計較，也不太會稱讚別人。後來他遇到一個很會稱讚他的女朋友，讓他也開始讚美別人。有次他羞澀地對女主角說：「你讓我想成為更好的男人。」女生馬上說：「這是我聽過最棒的讚美了。」讓人想變得更好，就從一句稱讚開始。

不當的稱讚是一種毒藥

韓國俗話說：「稱讚甚至能讓鯨魚跳起舞來」、「稱讚能讓傻瓜變天才」。稱讚、關心或鼓勵可以帶來正面影響，讓人往更好的方向成長。獨生子女擁有

父母全部的愛，但也需要被稱讚、肯定。運動選手聽見加油聲就會產生力量、更有自信。「稱讚」讓原本口不能說、耳不能聽、眼不能見的海倫·凱勒展現奇蹟，成為偉大的作家與教育家，也在很多孩子身上創造奇蹟。作家馬克西姆·高爾基（Maxim Gorky）曾說：「稱讚是將平凡人變得不凡的魔法。」哈佛心理學家威廉·詹姆士（William James）則說：「人最深的欲望，就是希望得到他人的認可。」

大人要是知道稱讚的好處，就會毫不吝嗇地稱讚孩子。尤其只生一個的父母，常會稱讚孩子的一舉一動稱讚到口渴。看到孩子歪七扭八的字也會立刻稱讚：「你字怎麼寫這麼好！你最棒了，你是天才！」甚至說：「隔壁家的孩子還不會穿襪子，我們家孩子竟然這麼棒！」還會養成習慣，一看到孩子的行為值得稱讚，就幫他在牆上貼乖寶寶貼紙，集滿就用禮物獎勵他。這都是因為父母覺得這樣能讓孩子好好成長、努力向上。

不過有的父母卻說，稱讚會讓孩子變得很辛苦。有些孩子一直聽到周圍的人稱讚他「好乖喔！」結果被朋友欺負也不敢吭聲；放學後不好意思找朋友玩，而是留下來幫老師整理。也有孩子被誇獎過食量大就常硬吃到肚子痛，結果拉肚子。還有個孩子的媽媽要上班沒時間陪孩子，這孩子為了被媽媽稱讚就一直勉強自己表現優異。有些孩子在學校會為了被老師稱讚而幫忙跑腿、幫助別人，但只要一沒有人注意，行為就完全相反。甚至在幫助別人時還先確認能不能得到報酬：「我幫你做這個，你要給我什麼？」

到底該不該稱讚？正確的稱讚像蜂蜜，但不當的稱讚卻是毒藥。下面就來聊聊三種毒藥稱讚。

第一種毒藥是「過度稱讚」。習慣被過度稱讚的孩子，不會照自己的想法做事，容易被別人的指責或批評影響。因為已經習慣被過度稱讚，只要沒有人誇獎、恭維他，就會覺得被冷落、好像自己比朋友差而覺得不舒服；不論做什麼都一定要贏，如果快輸了就會先發脾氣或爆哭。應該看過這樣的孩子吧？因為心裡有種「要好好表現」的壓迫感，只要孩子認為結果可能不符合旁人的期待，就會先放棄。被過度稱讚的孩子，會因為知道「別人稱讚的自己」跟「真正的自己」不一樣而產生自卑感，也會為了彌補這個落差而出現誇張的舉動、虛張聲勢或硬著頭皮去做。

第二種毒藥是「稱讚外表」。出門時精心把孩子打扮得漂漂亮亮，大家往

往會稱讚他的外表說：「好漂亮喔！」、「好帥喔！」或稱讚他身上新買的包包、鞋子、衣服等等。法國哲學家勒內．笛卡兒（René Descartes）提到，「人往往會渴望別人想要的東西」。同樣地，不論大人或小孩都有「想被稱讚」的欲望；尤其是個性不夠堅強的孩子，內心希望被認可和稱讚的那股欲望是更大的，所以會照大人喜歡的方式，努力做出能被稱讚的行為，結果忽略內在，只為了得到稱讚而在外表上下功夫。

第三種毒藥是「稱讚結果」。得到第一名而被稱讚的孩子，會認為下次也必須要第一名，在龐大的心理負擔下，最後可能會因此出現作弊行為。

美國社會心理學家卡羅爾．德韋克（Carol Dweck）教授，以紐約某所小學的五年級學生為對象，進行一項「稱讚努力」及「稱讚才能」的實驗。他先讓這些孩子回答簡單的問題，然後稱讚第一組孩子的智能和才能：「你的頭腦好好，好聰明喔！」對第二組孩子則是稱讚他們的努力：「你好努力喔！辛苦你了！」接著再讓他們從簡單和困難的問題中挑一個回答。結果，被稱讚努力的這組超過90％都選擇困難的問題，而另一組被稱讚聰明的孩子則大多都選擇簡單的問題。被稱讚努力的學生勇於挑戰，但是被稱讚聰明的學生怕辜負別人的期待，就會選擇比較安全的方法，確保自己能得到好分數。

接著卡羅爾繼續進行實驗，這次他給所有學生困難的問題。被稱讚努力的這組絞盡腦汁認真解題，不過被稱讚聰明的另一組卻覺得洩氣失望。最後，卡羅爾又讓所有學生回答跟第一階段類似的簡單題目；結果被稱讚努力的這組，平均成績比一開始上升了30％，而被稱讚聰明的另一組，平均成績則下降了20％。卡羅爾重複實驗超過六次，結果都大同小異。

被稱讚聰明的孩子，心裡會把事情分成會做的和不會做的，然後努力避免失誤，遇到不會的就逃避。這些孩子遇到失敗時，會過度放大失敗的意義。雖然他們一開始會被稱讚成績好，卻會擔心下次考試還能不能得到父母的稱讚。如果只「稱讚結果」，孩子就會把別人的稱讚當成標準，行動時會被制約，常因意識到旁人的眼光而不敢挑戰。

如果想稱讚孩子的努力，就稱讚他想努力的心和行動，而不要稱讚他表面上的行為或結果。比如吃完飯孩子幫忙洗碗時，先別說：「你幫忙洗碗好棒喔！我們家兒子果然最棒了！」可以試著稱讚他想努力的心：「你想幫忙，這份心讓我好有力量喔！謝謝你。」這麼一來，孩子就會想成為更好的人。稱

讚孩子的努力時，那個稱讚會立刻轉化為一種鼓勵。鼓勵的時候，要著重孩子態度上的變化，並稱讚他為了完成被託付的事情而付出的努力。通常大家會以為，孩子失敗時才需要鼓勵他，但其實在孩子去行動的前後也可以給予鼓勵。在孩子去做之前先對他說：「你可以做到的。」等結果出來再對他說：「謝謝你的努力。」當孩子失敗時，則要讀懂他的心情：「沒關係，你一直都很努力了呀！你可以做到的，下次一起努力吧！」

鼓勵是一把增進自尊感的鑰匙，能讓孩子專心在自己身上，而不是在意周遭給的評價並質疑自己：「我這次有盡全力嗎？」有毒的稱讚會讓孩子把別人當成標準來評價自己，也會跟別人比較而感到自卑；但鼓勵會讓孩子把自己當成標準，所以他會勇於挑戰，不會自我設限。稱讚孩子的努力，他就不會跟別人比較，而是會跟昨天的自己比較，然後因為自己的成長而開心、有成就感。

肯定孩子的努力，別急著評價

在別人面前稱讚自己的孩子，常會被當是傻子，這也導致我們吝於稱讚孩子；或是聽到別人稱讚自己的孩子時，就謙虛地說：「唉唷，還好啦！」不過，這句話聽在孩子耳裡，卻是一種傷害。有句話說：「讚美要公開，責備要私下。」孩子最希望能聽到親愛父母的稱讚及鼓勵。「每晚有三十億人餓著肚子入睡；另一方面，每晚有四十億人渴望能聽見一句鼓勵及讚美，卻因聽不見而睡不著。」這句話說明我們有多吝於稱讚，又有多渴望被稱讚。韓國教育部針對國小、國中、高中生進行一份問卷調查，結果顯示50％的孩子想聽到父母的稱讚、鼓勵和愛，不想聽到批評、比較，或提到學業、個性。

有次跟朋友聊天，聊到大家最想或最喜歡聽另一半稱讚什麼？結果大家笑個不停、嘰哩呱啦地說想聽到：「一想到你就心跳加速」、「真開心你是我老婆」、「謝謝你把孩子帶得很好」、「你不化妝就很漂亮了」、「就算你有小腹也很可愛」之類的話；還說只要聽到一句好話，整天都會不自覺地哼著歌、開心到快飛起來。其實，父母只要用自己想聽到的稱讚來稱讚孩子就行了。孩子在學校或補習班只能因考試成績得到稱讚，所以父母在家裡要常給予稱讚、鼓勵。對孩子表達愛，不是因為他很完美，而是因為他的存在本身就值得我們感謝和稱讚。就算孩子有些缺點、就算他只比昨天進步一點點，我們也需要用一顆充滿愛與寬容的心看著他越來越好。看著他討喜的一面就會覺得他可愛；

要是只在意他惹人厭的一面，不論他做了什麼都會覺得討厭。這種心情不是出自於孩子的行為，而是出自於父母本身。

看到孩子早上帶著睏意也還是背書包上學時，試著稱讚他努力的心吧！如果當下想不到該稱讚什麼，可以先列出項目，等有機會就稱讚一項；也可以用便利貼具體寫出他比昨天進步的地方，然後貼在家裡的各角落，跟孩子玩「稱讚捉迷藏」，讓他自己發現那些便利貼，或是直接貼在房門口，一段時間你就會發現孩子變得更可愛了。

對獨生子女來說，稱讚和鼓勵就像是培養社會性和自主性的營養劑。儘管沒辦法稱讚每個細節，但孩子只要被稱讚，就能感受到爸爸媽媽無論如何都愛自己、支持自己的那一份心意。稱讚時再加點肢體接觸，像是摸摸他的頭，或揉揉他的臉，就更能讓他直接感受到愛。在稱讚和鼓勵中長大的孩子，會像電影主角一樣，說：「爸爸媽媽讓我想成為更棒的人。」並更加努力成長。

從今天開始，就把一句句充滿愛的稱讚和鼓勵錄音下來或拍成影片，然後傳給孩子吧！

教養8守則2

定下「愛」與「溺愛」的界線

我一成為媽媽就開始擔心：「我能好好養育這唯一的孩子嗎？」智皓出生時早了一個月、體重過輕，偶爾還會突然發燒，常嚇得我差點心跳停止。小學一年級的孩子看到珠子就喜歡往嘴巴或鼻子裡塞，或是披塊布就覺得自己是蝙蝠俠，從高處往下跳。小則輕微意外、大至重傷送醫都有可能，孩子的生活總是令人不安。個性溫和的智皓也不例外，父母一不注意就容易出狀況。

不只是這樣，孩子奔跑嬉戲的環境也讓人無法放心。有個時事節目裡報導了「遊樂場沙土檢測」的結果，他們收集了三十個都市住宅區裡的遊樂場沙土進行檢測，結果有二十九個地方都驗出大腸桿菌，根據推估可能與附近常有貓

狗出沒有關。節目也提到，貓狗糞便中帶有會傳染的蛔蟲，蛔蟲一旦進入人體就會四處轉移，引發肺部、肝臟等器官疾病，嚴重的話甚至會造成失明。

此外，新聞報導毒尿布、殺菌劑致死案、性侵案、誘拐案等，各種事件層出不窮。每次看到我都心想：「會不會我的孩子也……？」然後被擔心籠罩。

溺愛比漠不關心更可怕

剛開始帶孩子的父母，常覺得危險就叫孩子不要摸、不要跑；看到孩子遇到一點小困難就會直接幫忙處理；甚至像童話故事「長髮公主」的媽媽一樣，讓孩子與世隔絕，還對他說：「這世界太可怕、太險惡了，憑你自己的力量什麼都做不到的。聽媽媽的話吧，媽媽都是為你好啊！」

故事中的媽媽為了保護長髮公主而把他關在高塔裡，現實中也有父母要求孩子一放學就立刻回家、不讓他跟朋友相處。孩子上國中、高中，還每個小時傳訊息確認孩子在做什麼；甚至連他上了大學還會打電話叫孩子起床、用手機監控孩子。大人為了消除自己的不安，就一一過問孩子的日常生活、交友關係、未來工作，把長大的孩子當成幼兒對待，還自以為被孩子需要而沾沾自喜。這種表面上看不出來卻默默管控一切的「遙控器媽媽」，還有幫孩子把不必要的事都處理掉的「除草機媽媽」越來越多。

美國生物學家查爾斯・考恩（Charles Cohen）將一生都獻給了蝴蝶，被譽為蝴蝶博士。我們看到的蝴蝶雖然美麗，不過其實蝴蝶必須歷經很大的痛苦，在蝶蛹中經過十二個階段，再從比針孔更小的洞鑽出來，才能蛻變成翩翩飛舞的蝴蝶。有次查爾斯博士因為心疼蝴蝶在蝶蛹中太辛苦了，就試圖用剪刀把蝶蛹上的小洞剪開，讓蝴蝶能輕鬆出來。他開心地以為美麗的蝴蝶會毫不費力地誕生，但那些輕鬆鑽出蝶蛹的蝴蝶卻無法張開翅膀，全都掉在地上死了。

多數父母都希望能保護孩子免於危險和失敗、願意為孩子做任何事；特別近來父母大多只生一兩個孩子就更是如此。美國大學健康聯合會針對大學生進行調查，結果發現**過度溺愛會造成精神上的壓迫、失落、孤獨、不安以及自殺的衝動**。但仍然有很多父母不了解嚴重性、以為溺愛就是愛，還說：「漠不關心才是問題吧？我對孩子付出滿滿的愛，哪會有什麼問題？」事實上，專家們表示：「溺愛比漠不關心更可怕。」

奧地利心理學家阿爾弗雷德・阿德勒（Alfred Adler）指出，自卑感、溺

愛和放任是引發精神官能症的三大主因。尤其在溺愛中長大的孩子，自己想怎麼做就怎麼做、無法克服挫折、依賴心強，只要稍微得不到滿足就會哭鬧或做出暴力行為。因為一直以來都是父母幫忙做的，所以到學校接觸社會生活之後，在跟朋友或老師相處時會沒有自信、做事會猶豫不決，也容易遇到失敗和挫折。如果自律能力和自信感持續下降就會形成自卑感。

以《迷牆》（The Wall）這首歌聞名的英文搖滾樂團粉紅佛洛伊德（Pink Floyd），團長羅傑・沃特斯（Roger Waters）的父親在二次世界大戰中陣亡，幼年時期都是跟媽媽一起過的。他的媽媽壓抑他卻又溺愛他，讓他對媽媽又愛又怕。雖然他後來成為成功的搖滾明星，卻也淪為有暴力傾向的毒品上癮者，最後築起高牆自我孤立，鬱鬱寡歡地躲在那道高牆後面。他在歌詞中描述了那段被溺愛又痛苦的生活：「我們不需要教育，請別控制我們的思想。」

美國心理學家帕克（Packer）指出，被溺愛的子女很難適應社會，精神上會不安、憂鬱。如果大人都不鼓勵孩子「去做」，而是一味限制他「不要做」，這等於是剝奪他自行判斷的機會，因此孩子會畏縮、過度依賴、不願意嘗試，只會說：「我做不到，爸爸媽媽幫我！」他們缺乏自我控制的勇氣和解決能力，總是不安又恐懼；而且會把自己的軟弱當作武器，變得愛哭又敏感。另外，也因為個性被動、消極，容易避開人群或是被人欺負；長大仍然離不開父母、淪為「啃老族」，這就是過度縱容的結果。

溺愛不是愛

溺愛的癥結點在於不安，也就是說，**父母是為了消除自己的不安才會溺愛孩子**，同時也堅信這樣對他最好。美國心理學家摩根．史考特．派克（Morgan Scott Peck）在《心靈地圖》（The Road Less Traveled）這本書中說：「愛，是為了幫助自己或他人在精神上成長，而企圖擴大自身的意志。」愛是為了自己和他人的精神成長而付出行動的一種努力及勇氣。美國精神分析心理學家埃里希．佛洛姆（Erich Seligmann Fromm）在《愛的藝術》（Art of Loving）中提到：「愛是一種付出。不是盲目付出，目的在於『人的成長』。起於愛的付出，就是啟發對方的潛能。」**有些父母因為擔心孩子的未來而感到不安，卻誤以為這就是愛**。在孩子小的時候悉心照料一切是愛沒錯，但要是孩子都已經長大，父母還是這麼做，就會讓孩子很難獨立，甚至阻礙了孩子的潛力。

溺愛孩子的父母不是想奉獻自己，而是出於不安。其實引起這份不安的擔心，有96％根本不會發生，那麼其他的4％是什麼？還有，在孩子生活中讓人擔心的又是什麼？將這些一一寫出來，能預防的就預防，沒辦法處理的就直接劃掉吧！只要盡可能防範生活中的危險因素，讓孩子安心生活就好了。再來，檢視自己訂下的規則。孩子回家的時間、孩子能做什麼、範圍到哪裡，哪些地方孩子可以自己去……，我會跟其他父母聊聊彼此的規則，這樣也有助於檢視自己有沒有溺愛。比方說：六年級的孩子說要跟朋友一起搭二十分鐘的公車，父母卻不答應，這時就要試著想想：「我是擔心孩子危險？還是不相信孩子才感到不安？」

真的愛孩子，就要相信孩子的潛力。人從出生起，每階段都有不同的成長欲望。父母需要觀察孩子每階段的變化，相信他，並讓他自己解決問題。這樣也能培養孩子控制欲望和解決問題的能力。先想想：「我有沒有因為他是唯一的孩子就整天提心吊膽呢？」然後訂下「愛與溺愛」的標準。愛孩子，就要讓孩子也能接收到其他人的愛。毛毛蟲必須自己經歷十二次的變化與試煉才能蛻變成美麗的蝴蝶；讓孩子用自己的力量去做，這樣的守護才是真正的愛。

教養8守則3

給孩子自由，而不是放縱

韓國之前有個「潑熱湯事件」，在社群網站上鬧得沸沸揚揚：有個孩子在餐廳跑來跑去、撞到其他人，結果臉上被熱湯潑到造成嚴重燙傷。一開始先是媽媽在網路上喊冤，說對方害他孩子燙傷、沒做處理人就跑了；後來才被別人爆料，是那個小孩子在餐廳裡亂跑才會撞到用餐的客人。為了避免類似事情再次發生，部分餐廳業者貼出「禁止孩童」的公告，表示不接受小朋友用餐。

就像這樣，在餐廳或捷運站等公共場所中，也有很多父母看到孩子隨意亂跑時不會制止，反而還辯解：「小孩都是這樣長大的。」

一味地縱容會讓孩子變笨

有越來越多父母說要讓自己的孩子自由自在地長大，就放任孩子不管。因為大人自己受過權威式教育且不想重蹈覆轍，為了培養他的自尊就一再縱容他，連一個小動作也過度稱讚。父母看見孩子傷害到別人也不勸導、不責備，都是想當個「好爸爸、好媽媽」，所以在日常生活中從來不對孩子說「不行」、什麼都聽孩子的，連吃飯和睡覺的時間也讓他自己決定。大人因為上班陪不了孩子，心裡愧疚便把「不罵孩子」當成補償，不論孩子做什麼都縱容地說「好」，甚至認為：「那樣也還好嘛！」孩子哭鬧時怕他反抗而不制止，就算他做錯事也只是一味放縱並合理化他的行為。

如果以「愛孩子」為名，把所有決定權都丟給孩子、完全不制訂生活規範，也不教他該遵守的規則、禮貌和同理心，最後他就會變成自以為是的小皇帝。

總是告訴孩子：「你做什麼都沒關係。」在家裡像這樣被縱容的孩子，到了學校就會因為不知道對錯的標準而傷害別人，甚至無法好好跟朋友相處。自己有很多欲望卻無法理解別人的需求，所以會容易衝動、很難適應父母不在的陌生環境，社會責任意識也偏低。跟周圍格格不入的孩子會缺乏歸屬感，也可能為了引起關注而出現激烈的舉動，結果造成惡性循環。這些孩子在教室裡坐不住，還會常常發洩心中的不滿、覺得朋友都否定自己。

美國曾因為年輕流浪漢而造成嚴重的社會問題。由於嬉皮浪潮，他們在大街上徘徊、向路人乞討、並漫無目的地生活。這些人大多出身自中產階級，幼年時期缺乏約束、成長過程中被放任，雖然小學時期認真上學，但到了國高中之後便輟學、選擇什麼事都不做。**如果人成長於沒有任何限制的家庭，智力就會隨著年紀增長而降低。**因為不知道怎麼控制情緒和自己的欲望，只要一遇到辛苦就逃避，只想走簡單的路，也由於他們覺得自己在世界上最優秀、自己的判斷最正確，所以不願學習或嘗試了解。

父母會縱容，是因為沒有釐清自由和放縱的區別。自由是不受外界拘束、能自主決定；而放縱則是肆無忌憚地想做什麼就做什麼。兩者表面上相似，但其實可以用「會不會危害到別人」區分。愛爾蘭劇作家蕭伯納（George Bernard Shaw）曾說：「自由意味著責任，這就是為什麼大多數人恐懼自由。」沒有限制、沒有責任的自由，就會造成放縱和失序。

自由中其實蘊含必須遵守的秩序。古希臘數學家暨哲學家畢達哥拉斯（Phythagoras）說過：「自由並非隨心所欲地行動，那只不過是顯露自己混亂的內心。所謂的自由，是從整頓內在、建立秩序後開始的；尚未整頓好所採取的行動，都是放縱。一切自由的原則都有其內部的秩序，也有目標明確的立足點。」除此之外，教育學家尼爾（A.S. Neil）在他所創立的實驗學校「夏山學校」（Summerhill）中也說過：「所謂自由，是在不侵犯他人自由的範圍內，做自己想做的事。」世界級的鋼琴教父海因里希・涅高茲（Heinrich Neuhaus）教授則強調，鋼琴演奏的方法中也有先決條件，就是要絕對地區分自由與放縱。不論學習鋼琴或運動，都必須遵守一項原則：一開始如果沒有學好基本動作，不但姿勢會不正確，還會導致實力難以提升。基本動作唯有透過管教才能學會；人的成長也是一樣，如果沒有學好基本，就很難成為一個成熟的大人。

建立行為規範，孩子才能真正自由

實際在教養獨生子女或教導規則時，很難拿捏愛護與控制的界線，一不小心訂下太多規則變成過度管控，但規則太過鬆散又會變成溺愛。一般人認為，管教會讓孩子退縮，但其實正確的管教反而能讓孩子自由。

「管教」，是讓孩子了解可以行動的範圍，告訴孩子什麼能做、什麼不能做，也就是要規劃出行動的藩籬。這樣孩子也能進一步把規則內化，盡情地思考和行動，脫離「我可以這麼做嗎？會不會惹媽媽生氣？」這種不安。**當他心中清楚畫出範圍時，就自然能遵守並懂得顧慮別人，而且也有助於培養判斷是非的能力。**處在有節制的規則中，孩子也會更安心。

舉例來說，如果孩子拒絕整理玩具，父母就要依照一起訂下的規則，把玩具沒收到其他地方。尤其最近社會上出現很多像是電玩、購物之類的誘惑，如果不管教、什麼都縱容，等開始上小學之後就會更難管教。到時父母也只能舉白旗投降：「唉，你真的很不聽話耶！隨便你啦！」縱容一切，等於是教孩子不用節制、不用守秩序；所以，幫孩子訂下明確的界線是很重要的。

當大人懷疑孩子沉迷電玩時，首先要認定：「電玩是孩子覺得有趣、想玩的東西。」接下來再充分向孩子表達父母的擔心並提出其他解決方案，這樣才有辦法找到孩子和父母都能接受的答案，例如孩子可能會說：「那我放學後到吃晚餐前玩一小時就好。」這時只要將這條界線訂為規則，孩子也會因為自己

提出的規則被採納而覺得滿足。

限定孩子行動的時候，不能毫無計畫地讓他自己決定範圍。另外在制訂規則時要考量他的年紀和成熟度，執行時也一定要貫徹始終。假如訂好規則，但大人心情好就管得比較鬆、生氣就管得比較嚴，這樣孩子就會混淆，最後原本訂的那條分界線也會消失，變成親子間無止境的角力戰。

即使沒有兄弟姊妹，也不用擔心獨自長大的孩子沒禮貌、不守規則或不懂得顧慮他人；只要充分給予指導，孩子就能開心持續學習「社會能力」。在捷運上奔跑不需要負法律責任，但並非因為這樣就沒有道德上的責任。孩子會做出讓他人不便的行為，是因為誤以為自由等於「想做什麼就做什麼」。自由同時也必須負起隨之而來的責任，這是想享受自由必備的基本條件。

假如孩子在公共場所吵鬧而被人當場指責，先不要責怪對方或生氣難過，先回頭想想孩子為什麼會被罵：「自己是不是只要求孩子把書念好，其他都睜一隻眼、閉一隻眼？有沒有因為怕孩子不愛自己，就什麼都縱容他？是不是自己態度不堅定，才無法拒絕孩子無理的要求？」如果出現這些情形，就可能讓孩子誤以為放縱是自由。想讓孩子明白真正的自由，就要建立起行為的藩籬。

教養8守則4

讀懂孩子的情緒，不要只看行為

有對父母帶著獨生女參加一個綜藝節目，節目上，他們跟其他家庭一起去蒙古旅行，希望藉此讓這孩子有機會跟其他人相處。當地人送了孩子一輛摩托車，一開始他答應讓別人騎，不過實際看到別人騎他的車時，他卻開始嚎啕大哭。這時爸爸、媽媽的管教態度也出現分歧：媽媽覺得他已經跟別人約好了，這樣哭等於是不遵守約定；但爸爸卻說能理解孩子的心情，是因為對方使用前沒有先徵求他的同意，他才會生氣。

其實媽媽只是希望身為獨生女的孩子，能學會跟其他人分享、會照顧別人、懂得遵守約定，也懂得怎麼生活。教養獨生子女的父母們，應該也會對這部分深表同感。夫妻間如果沒有講好管教的界線或是意見不合，就有可能因為教養的方式不同而出現衝突。

把焦點放在孩子的情緒上

孩子回家後說他在外面跟朋友吵架、或被老師罵了，這時父母們會怎麼反應呢？大部分的人會幫孩子的朋友或老師辯護，說：「你一定也有錯，才會跟人家吵起來、才會被老師罵。」要是孩子表示不滿，大人可能就會說：「你竟然敢頂嘴！」、「照我的吩咐去做！」要求孩子服從，或是搬出嚴格的規定責備他，讓他沒有機會表達自己的情緒或立場。這時如果孩子覺得委屈、突然發脾氣，或露出不耐煩的表情，父母甚至有可能會打孩子，或要求孩子改掉這些壞習慣。

其實這些情況在學校裡隨處可見，我在處理孩子傷口時，有時也會發現他們手上、腳上或肩膀有瘀青的痕跡，還有些孩子的屁股或大腿整個發青、腫起來。問他們原因時，他們說是被爸爸媽媽打的，還轉述父母的話：「因為我活該被打。」如果大人為了矯正孩子的行為而使用攻擊性的方式，他就會無法判斷對錯，只會因為怕被打而看大人臉色，或覺得冤枉而更激烈地反抗。

有些專家知道體罰帶來的副作用，因此建議父母要先教導孩子如何控制自己的情緒。美國心理學家丹尼爾・高曼（Daniel Goleman）強調情緒智商的重要性，他說：「在人的成功要素中，智商只占20％，而80％受情商的影響。」美國精神科醫師喬治・華倫特（George Vaillant）在《哈佛教你幸福一輩子》（Aging Well）書中發表了一項成人發展研究，研究共耗費了七十二年，長期追蹤八百多名包含哈佛大學畢業生、貧困的小男孩及女性天才等對象，結果證實：「影響幸福與成長的是情商，而非ＩＱ、學歷或家世背景」。華倫特提到：「ＩＱ只是智商的一部分，而能掌管智商的力量，是情商。」

另外，由兒童心理學家漢恩・吉諾特（Haim Ginott）博士首創，再經過約翰・高特曼（John Gottman）博士系統化的一套教育方式，其中一個部分叫做「情緒輔導」。他們發現學校老師**在糾正學生的行為之前，若先理解學生的情緒，學生就會對老師產生信賴感、覺得親近，然後自然地改正行為**；當中老師接受了學生的所有情緒，只約束學生的不當行為。接受情緒輔導的孩子，數學和閱讀成績相當出色、跟朋友相處融洽、社會適應力卓越、壓力荷爾蒙數值及

心跳數都偏低，而且也比較少感染流行性感冒等傳染病。

我是一名健康老師，也是獨生子女的媽媽，我發現當我設身處地去思考學校孩子們的痛苦或壓力、努力了解他們的情緒時，他們也開始改變。以前有孩子沒事也會一天來保健室四五次，一開始我不清楚原因，只是單純地認為他們總是在上課時間跑來搗亂、可能是問題兒童。不過當我仔細觀察他們的情緒而非行為時，才知道他們是因為得不到關心、想要找個人關心自己，所以才一直找我，想從我身上得到愛與關心。於是後來我碰到這些常來的孩子時，會先遞給他一杯檸檬茶讓他們安心，再詢問他們當下的情緒狀態，用「語句完成測驗」來了解他們的內心狀態，然後我就能找出他們內心痛苦的原因。

另外，我還訂下了一個上課規則，叫做「想被關心的人」，專門用在想被關心而妨礙上課的孩子身上。那懲罰就是：班上同學都要對那個孩子比出愛心手勢、或對他拋媚眼；如果那孩子還想再得到關心，大家就要過去抱抱他；還有第三次的話，大家就會跑過去親他的臉頰。到目前為止我還沒有用過第三種情況，不過我覺得只要對孩子們投以溫暖關懷的眼神，他們就會覺得上課時間很幸福，也會對我的上課方式產生興趣。這種不是責備也不是體罰的溫柔規則，能讓孩子覺得被尊重，而我每次上課也都很開心。

正確的管教不是憑力氣讓孩子服從，而是幫助孩子培養自我調節的能力，讓他懂得反省自己的行為，進而做出正確的判斷並負起責任。也就是說，當尊重的心成為基礎時，管教就會有正當性。想導正孩子的行為，就不要先處罰他的錯誤行為，而是先留意孩子的情緒。情感上溫暖包容、態度上堅定明確，這時的管教便會擁有強大的力量。

孩子表達強烈情緒時，其實是在求助

該怎麼做到情感溫暖、態度堅定呢？有一天，智皓在學校發生了一些事，結果一回到家就不理人，直接衝進房間、「碰」一聲地甩上房門。看到他這樣的舉動，做父母的當然會生氣；但重要的並不是看他的行為，而是要檢視他表達出來的情緒。當孩子不耐煩或生氣時，如果把焦點放在他的行為上，大人就會跟著發火；但要是觀察他的情緒就不會生氣了。這種時候我會察言觀色、並善加利用我對孩子的感覺；如果察覺孩子的情緒跟平常不同，我就會釐清究竟發生什麼事，然後解讀孩子的感受和反應。以前的我可能會說：「你現在是

在對誰沒大沒小？」不過現在我不會直接責備他，而是會保持鎮定、等待他自己從房間出來。我把孩子表達強烈情緒的瞬間當成一種機會，如果捕捉到他憤怒、悲傷或恐懼之類的負面情緒，我不會假裝沒有看見，反而是會幫他表達出來。他從房間出來之後，我會先讀出他的情緒：「你看起來很生氣耶！」

當孩子展現負面情緒時，父母不能只是放著不管，覺得：「時間久了他心情就會解開吧？」或「他以後會自己說出來吧？」孩子表達強烈情緒時，其實是在求救、希望有人幫他；**這些行為是出於「情緒」**，而發脾氣、不耐煩也是一種微弱的身體訊號，**為的就是希望有人能了解自己**。

要讓孩子明白錯的不是情緒，是他的行為

孩子知道爸媽了解自己的情緒之後，就會說出心中的難過或感受。孩子因為年紀小，有時就算遇到痛苦的事也沒辦法用言語表達，父母看到他悶悶不樂或行為出現異常時，要主動靠近孩子、表達關心。就算他覺得委屈、討厭、生氣，可是被問到：「老師罵你的時候你還好嗎？」他可能也只會說「我不知道」。如果父母改用「情緒引導」的方式，幫他列出一些選項再問他：「你覺

得哪幾個比較像你？」孩子就能更自在地接受自己的情緒。而這樣的引導也會讓孩子覺得，不是只有自己會這樣。

父母需要多傾聽孩子的聲音，用他的角度一起看事情。假如孩子說：「我討厭班導師！」在問他「為什麼」之前，我會先接納他的感受：「原來你討厭班導師啊！」接著再慢慢問他：「那你為什麼討厭班導師呢？」聽他解釋完後先用同理心說：「難怪你會生氣。」、「委屈你了！」然後繼續對話。這很重要，如果聽完原委就用大人的角度責備他：「那沒什麼大不了的，幹嘛生氣？」、「我就知道你會這樣。」或是：「你做錯才會被罵啊！」對話就會中斷。當孩子說出感受時，要先讓他明確知道自己的感受是什麼：「喔！這是委屈的感覺」、「這是難過的感覺」，然後一起找出解決辦法。我會對他說：「難過的時候，就想想開心的事吧！」或是提示他：「遇到這種事的話，這樣做很有效喔！」接著讓他用自己的力量解決。在他表達的過程中，我會一邊幫孩子找方法，像是說：「如果是你，你心裡會怎樣？」、「這些方法你覺得哪個好？」、「你想怎麼做？」雖然父母的教養態度要堅定，不過給孩子的回應和溝通也同等重要，這樣孩子也會覺得自己被尊重，並去思考其他更適合的情緒表達方

式。

不單是情緒，也需要解決孩子的行為問題。**孩子被老師罵，父母雖然可以認同他難過的情緒，但也要教他大聲甩門、亂摔東西是錯的。**要讓孩子明白錯的不是情緒，是他的行為。與其說：「你很糟糕！」不如說：「這個行為是不對的。」

說明規則的重要性時，最好能搭配孩子當時的水準，他才容易理解，並展現尊重孩子的態度；在堅定地管教後也要讓孩子知道你愛他。別忘了在說完話或入睡前，給孩子一個充滿愛的擁抱。

就像開頭提到綜藝節目中的例子，想糾正孩子時要先像爸爸那樣瞭解他的情緒，讓孩子表達出難過，再像媽媽一起談談他的舉動、矯正錯誤的行為。當父母不斷關心孩子，了解他行為背後的情緒時，就能真正理解孩子。給孩子溫暖的愛和堅定的態度，他就能用正確的方法表達情緒，也能兼具老大的可靠和老么的可愛，成為穩重又正向的人。

教養8守則5

分清楚自己在教小孩，還是在發洩情緒

韓國育兒政策研究所的研究報告指出，父母身上太大的育兒壓力，會對親子間的親情發展有負面影響。研究中發現孩子五歲時平均一天會聽到十二次正面的話和一百二十二次負面的話。

父母照顧正值精力旺盛期的孩子已經夠累人了，如果再加上上班、處理家事的壓力，就很難對孩子寬容。從早上一睜開眼睛、到孩子睡著為止都要花精神在他身上，讓父母沒有個人時間，精神和生理上都不斷承受著龐大的壓力。

自己是「管教」還是「生氣」？

下班後回到家看到客廳亂七八糟、要洗的衣服堆積如山、或流理台上堆著碗盤沒洗，這時孩子偏偏又在哭鬧，當然會令人抓狂。有些父母原本溫柔得像天使，卻在教養過程中漸漸變成暴君，並對此感到自責。為了趕快讓孩子停止哭鬧，父母常會使用限制或命令的管教方式，說出負面的話。教養獨生子女的生活壓力比較低，但父母也怕被旁人嫌說：「那家只有一個小孩，還教得那麼沒禮貌。」於是就更嚴格地責備、甚至體罰孩子，還認為自己在管教。其實仗著大人的身分**把情緒發洩在孩子身上，這不是管教，只是在「生氣」罷了。**

大家應該都有這種經驗：明明狀況一樣，有時可以包容孩子，自己很累的時候卻覺得煩死了。事情過了才發現，自己生氣不是因為孩子，而是因為自己情緒不好，還把情緒發洩在家中最弱小的孩子身上。

父母情緒化的遷怒行為是一大問題，這種情況在跟另一半或家中長輩關係不好時會更嚴重。原本願意付出、把孩子捧在手心上悉心養育，跟家人關係不好時卻開始抱怨、覺得自己都在犧牲，連過去壓抑的委屈也一湧而上，然後用傷人的話對孩子發洩「怒氣」：「我省吃儉用，存錢讓你補習、請家教，你成績怎麼會這樣？」、「誰教你的？」、「很行嘛！翅膀硬了是不是？」、「我這麼辛苦都是因為你！」。當壓力過大時，最直覺性控制孩子的方法就是生氣。

只要大人生氣，孩子的行為就會立刻改變；但他並不知道自己錯了，只是不想被罵。大人發脾氣時孩子不會有餘力去思考對錯，只會想先逃走。

體罰最可怕的反效果，就是無法培養孩子的道德觀。嚴重時會讓他身陷挫折、產生敵意，甚至想報復父母。父母生氣時，外向和內向的孩子會有不同的反應：外向的孩子會模仿大人的態度，認為自己是弱者才會被罵，大人不在時就對其他比自己弱小的人發脾氣；內向的孩子看到大人生氣則會恐懼不安，之後變得小心翼翼、隱藏憤怒，戴上「乖孩子的假面具」。

「管教」和「生氣」的差別

教育學家布瑞克瑞奇和文森（M.E. Breckenridge & E.L Vincent）曾說：「**所謂的管教，不是壓迫或忽視孩子的情緒並激怒他，而是幫他理解世界、逐步教導，讓他能自我控制、適應社會。**」意思是，應該要管教而不是生氣。

「管教」和「生氣」差在哪裡？智皓念國中時，有次校外教學他們班導打電話給我，說要出發時突然找不到智皓跟另一個同學，全班等他們等了一個小時才出發，還很客氣地拜託我：「希望您管管孩子！」那當下我對這件事非

常生氣，不過當我靜下心檢視原因時，發現我是因為覺得孩子害我丟臉才生氣的。我客觀地觀察了自己的憤怒後，不想還沒聽到孩子解釋就先做判斷，於是我告訴自己：「先不要生氣，聽聽孩子怎麼說，到時候再生氣也不遲。」

後來孩子回家了，這時可能會出現兩種狀況。第一種負面情況是：「你怎麼老是這樣？太自私了！都只顧自己！**（人身攻擊）**其他同學會念書又聽話，你到底是像誰才這樣？**（比較責備）**我們家的臉都被你丟光了，我好辛苦！**（積怨爆發）**」另一種則是說：「當時的那種情況有沒有更好的辦法呢？**（提議）**從結果來看，你浪費了其他同學的時間，你覺得該怎麼辦呢？**（勸告）**」

我選擇了第二種方式。我一開始先說我很生氣、還有我為什麼生氣，接著再問他當時的狀況。他說因為校外教學的地點離我們家很近，他以前就常去，所以跟老師說他想要先待在學校再自己搭車過去，不過老師卻不知道他的意思。我聽完孩子說明，先認同他的出發點再跟他說：「那下次不要這樣囉！」後來他也覺得造成別人困擾很抱歉，隔天就跟同學和老師道歉了。

生氣是用命令、責備或體罰來抒解大人的情緒，不會有任何效果；但管教是用明確的對話教導正確的行動或習慣。有時父母看到孩子做錯也不敢罵他，不過應該要給予「正確的管教」，讓孩子知道自己的舉動為什麼不恰當。正確的管教能讓他知道錯誤行為會害人害己，也會懂得對自己的行為負責。

正確生氣的方法

很多人說：「壓力大時，一生氣根本忍不下來，怎麼有辦法保持積極又正面？」每個人都有喜怒哀樂，生氣只是一種習慣，並不是犯了什麼錯；只是因為不知道怎麼正確地生氣，才會出問題。想保持積極正面，就要先知道：「生氣是自己的選擇。」如果能客觀看待怒氣，每個人都能「正確地生氣」。

正確生氣的第一步就是察覺怒氣。當我們開心時會哼歌、疲憊時會休息、不安時會深呼吸，而怒氣也一樣可以察覺。生氣會有前兆，每個人可能都不一樣；輕的話像是「不太開心」、「不耐煩」、「難過」、「很悶」、「不知道怎麼辦」，嚴重的話可能會覺得「怒火中燒」或「氣炸了」。一旦察覺這些徵兆時就要先冷靜下來，思考一下原因。大部分人生氣的理由都很類似，像是對孩子期待太高，或是父母覺得被孩子忽略了等等。

一位朋友C花大錢讓國中的獨生女補習、上家教課等等，凡是能投資的

幾乎都不缺；但孩子卻好像是在故意反抗，考試交了白卷。那個孩子小學時成績名列前茅，國中卻變成這樣，朋友C心想：「不能再這樣了，他擺明是故意的。」然後就常生氣地對孩子破口大罵，最後甚至病倒在床上。

父母可能下意識會以為：自己為孩子犧牲，所以有權力對孩子生氣。結果在面對外人時會忍讓，看到孩子時卻容易爆炸。我生氣的時候，都會先問自己：「我是不是誤會孩子了？」、「我的期待是不是太高了？」、「如果有其他人在，我還會這樣發飆嗎？」思考後如果還是覺得需要生氣，才會責備孩子。

生氣並沒有錯，重要的是「表達方式」，你會選擇大吼大叫還是沉默不語呢？表達方式有三種：**第一種是勃然大怒**，這種方式雖然可以表達想法，卻會傷到孩子。**第二種是小心翼翼**，這種方式不會傷到孩子，卻沒辦法把想法告訴孩子。**最後一種是坦白說出來**，這種方式不會傷到孩子，也能表達想法。

父母坦白說出來時，能讓孩子產生認同感，不過前提是要說明理由，告訴他大人為什麼會生氣。千萬別責備、威脅或歇斯底里地發飆，要帶著愛和理性來管教他。因為是獨生子女、父母時間更遊刃有餘，所以應該要多花些時間跟孩子聊聊他的行為。當孩子認同父母的責備時，也能同時培養出道德觀念。

教養8守則6

別讓孩子變成外表成熟、內在脆弱的小大人

很多人到現在還是會認為，只要孩子說出自己的想法或質疑大人說的話就是「沒禮貌」。認同大人說的就是乖孩子，不認同的就是壞孩子。好像只要想被稱讚是乖孩子，就都要聽大人的話。

我的孩子是不是受了傷的小大人？

我大學在精神科實習的時候，發現很多患者家教都很嚴。我親眼看到：家庭如果不接納每個人的不完美，只要求孩子完美，這會讓人變得多不幸。

九歲的K是個模範生，他喜歡幫助別人也常被老師稱讚，但他卻常在沒生病也沒發燒的情況下喊頭痛、往保健室跑。我讓他做了「語句完成測驗」，發

現他壓力過大。他說「最希望能拿到一百分」、「最想改掉自己偶爾會做錯的個性」。看了測驗結果我問他：「你常被罵嗎？」他說：「媽媽會忍住不罵我，可是考一百分跟沒有考一百分的時候，媽媽會不一樣。」父母的期望將這孩子栽培成模範生，也讓孩子有不能出錯的壓迫感。

我也希望智皓能乖巧懂事。有一次我跟朋友有約，他說他也想去。我說：「咖啡廳很無聊喔！沒關係嗎？」他還是想去，我就跟他約定說不能打擾別人，還準備書讓他看，然後就一起出門。我跟朋友聊天的時候他都沒有來吵我，自己安靜坐著看書看了兩個小時，後來才發現他在沙發上睡著了。我很不喜歡聽到別人說：「獨生子女都很沒禮貌。」所以我總是希望智皓能懂事、不要造成別人困擾。朋友看到智皓都說他很乖，還說很羨慕我。智皓的表現比同年紀的孩子成熟，不會無理取鬧地要求東西。不過我發現他總是會克制情緒、不敢說自己要什麼，有時候也擔心讓他太節制自律，變成了怯懦的「小大人」。

常到保健室找我的孩子們，有的是父母期望過高、有的是父母經常吵架，也有的正面臨不確定要跟爸爸或媽媽分開住的處境，所以承受著極大的壓力。他們沒有兄弟姊妹，也有超齡的表現，他們顯得獨立、懂得看狀況做事，就像個大人。我碰過一個孩子，他媽媽只生了他一個兒子、跟老公關係不好，夫妻一吵架就跑去對兒子訴苦。兒子看到媽媽這樣，覺得媽媽很可憐，就選擇當一個很好的聆聽者，成長過程中只要媽媽要求什麼他都答應，聽話又乖巧。不過，在孩子被迫承擔大人的責任、心境快速老化的情況下，做出這些選擇並不是因為自己樂意、而是為了生存，是不得已之下採取的對策。

動畫《冰雪奇緣》受到男女老少的喜愛。主角艾莎說：「如果大家知道真正的我是什麼樣子，可能就不會愛我了。我要像個乖孩子，大家才會接受我。」然後隱藏了真正的自己。大家之所以這麼喜歡艾莎，正是因為看到了自己。

日本心理學大師加藤諦三在《別把孩子教成乖孩子》（伸びる子伸びない子は親の愛で變わる）這本書中提到，親子關係出問題的孩子，心裡會有一股恐懼感，覺得「自己犯錯就會被拋棄」。**孩子有孩子的依附需求，會想對父母撒嬌，但是怕被拋棄的孩子會勉強自己忽視這種心情，扮演一個符合父母期望的乖孩子。**他們會對父母隱瞞自己的感受，並認為只要撒嬌、說出想法或表達負面情緒，就是壞孩子。**一般人看到這樣的孩子只會把他們當成大人、以為他們心智成熟，導致他們只能靠自己解決心裡的問題、加深心中傷痕。**

有個學妹對我說：「我從小就很聽話，常聽到別人說你好乖喔！但我明明不是那麼乖的人，他們卻一直說我很乖，我就覺得自己被肯定了，於是我強迫自己變得更聽話。長大之後，雖然我努力地不逼自己當好人，但就連有老婆婆向我問路，我也會不自覺地習慣跟他道謝。我一直在意別人的眼光，就算困擾也不敢拒絕他們的要求、什麼話都不敢說。我覺得自己好傻好累。」即使時間過得再久，他依然無法卸下乖孩子的面具、心中的傷害也無法癒合。

乖孩子不敢拒絕大人的要求，因此他們較容易成為被性侵或誘拐的目標；而且，長大後會無法訂定自己的目標，也沒辦法展現自己的特質。

怎麼做才不會把孩子教成小大人

獨生子女長時間跟大人相處，說話語氣和生活習慣都會越來越像大人，也可能因為旁人的稱讚而變成小大人。如果不想把孩子教成小大人，就要培養他的童心，而孩子必須無憂無慮才能擁有童心。沒有父母想把孩子養成小大人，但大人無心的言行，卻會讓孩子在意別人的眼光，進而戴上「乖巧的面具」。

艾莎想擺脫乖孩子形象，高喊「Let It Go」並宣告：「今後我都放手了！

不管了！」美國內向退縮型兒童治療專家約翰．布雷蕭（John Bradshaw）在《回歸內在：與你的內在小孩對話》（Home Coming: Reclaiming and Championing Your Inner Child）一書提到，孩子會受傷都是從拋棄自我開始的。所有孩子真正需要的是一對懂得照顧的健全父母，以及無條件的愛。

為了能讓孩子保有童心，我會檢視自己。**第一，不要用「乖孩子」或「壞孩子」評價他的行為。**這些標準無法客觀地讓孩子知道自己什麼做得好、什麼做不好。我不會評價他，而是會關心他，並在客觀事實的基礎上跟孩子對話。像是我不會說：「乖孩子不會哭。」而是會問：「什麼事讓你哭成這樣？」

第二，讓孩子說出自己的感受。當父母接納並認定孩子的情緒時，他就會懂得尊重自己。《大長今》中有一幕，每個人都說菜裡的甜味是白糖，但年幼的長今卻說：「我吃到的是柿子味啊！您問為什麼嗎？因為我吃到就覺得是柿子啊……」大人要給予包容，讓孩子說出自己的想法。一般認為小孩子不吵不鬧就是父母教得好，但這樣的孩子極有可能是不敢表達意見。當孩子認為「我的意見會被接納」時才會說出想法，因此親子間需要有平等關係。人在面對比自己強大的對手時，會覺得沒有勝算而放棄「反抗」、選擇「服從」。當

反抗行不通就只能順著父母的意思來改變自己的想法。對於獨生子女，父母也需要成為朋友，跟他站在同一個高度、給他拒絕的權利，適時化解親子間的對立。孩子有能力化解衝突，在朋友間就能懂得說出自己的意見。

第三，讓孩子活得像孩子。被大人圍繞的孩子，有時會隱藏自己「孩子氣的一面」，而失去了天真和自由。孩子跟大人相處得再愉快，也不比跟同齡孩子相處時幸福；當他們遇到同齡的人，本性就會跑出來，變成淘氣又可愛的小頑童。其實獨生子女之所以文靜，是因為沒機會見到年紀相仿的朋友。如果發現孩子太長時間跟大人在一起，就幫他製造機會、跟其他同齡的孩子相處吧！

要是獨生子女變成了小大人，就會同時喜歡並討厭父母。其實每個人都可能有這種矛盾，要讓孩子知道這很正常、減少他的罪惡感。身心健全的孩子不會百依百順，而是擁有很強的適應力，也知道自己想要什麼並懂得求助。

我看到孩子還小卻表現得像大人時會心疼，每當這時我都會檢視：「自己是不是沒有考量他的需求，只是照我的期待在教養他？我是希望他變成畢恭畢敬的小大人，還是想讓他活得像孩子、調皮一點也沒關係？」要讓孩子在小時候有撒嬌的權利，畢竟童年無法重來。我覺得當孩子像個孩子時最可愛了。

教養8守則7

失敗能帶給孩子成功的機會

四歲大的姪子玩手機遊戲時，看到螢幕上跳出「Fail」反而覺得開心。我覺得有趣，以為他是沒看懂英文，問他知道意思嗎？結果他說：「就是輸了啊！」再問他什麼是「輸了」？他說：「就是叫我再玩一次嘛！」原來他是用正面的角度來看失敗這件事。

反觀大人們，面對失敗時反而會害怕、沒那麼積極。尤其父母都對失敗很敏感，因為明白經歷失敗有多麼痛苦，所以很少說：「失敗也沒關係，再做就行了。」父母一心希望能降低孩子失敗的機率，讓孩子走得安穩。但這等於是剝奪孩子戰勝困難的寶貴經歷，結果只會讓孩子變成溫室裡的花朵。

美國家庭心理專家湯瑪斯・格林斯邦（Tom Greenspon）在《孩子與完美

主義》（Moving Past Perfect）書中表示：「完美主義者無論做什麼都無法感到幸福。」因為完美主義者會試圖讓不可能完美的事情變得完美，但這樣做也只是白費力氣。不論念書、工作、經營人際關係，甚至是調節自我情緒，世界上沒有百分百完美的事，完美主義不僅是折磨自己，也連帶影響他人。

為了讓孩子幸福，一定要捨棄完美主義。完美主義者認為一失敗人生就完了、再也無法得到關愛，他們會把成績、讚美跟自己的價值劃上等號，把一切看得太重要，過於害怕失敗，結果連開始都不願意。一旦出錯，就會先跑出負面想法：「我是笨蛋！不能再錯了。」最終因為自責、不安、挫折等情緒和不能失誤的完美主義，接二連三地形成惡性循環。有些孩子在做作業時，還沒開始就害怕：「我做不到、我不會」、「我不想出糗」，然後不願嘗試。因為不想出錯，所以不會把作業當成發揮的機會，反而擔心傷到自己的自尊。

會有這樣的態度，可能是因為父母過於要求完美。這類型的父母不容許孩子失敗，看到孩子努力也不會輕易稱讚或肯定，總是「要求孩子更好」。因為孩子常看到父母的失望，所以為了得到認可，他們會變成做任何事都不懂滿足的人，或是自我放棄，認為自己再怎麼努力也做不到。

把失敗當成機會，就會更想挑戰

父母要能接受孩子的失敗，將失敗視為學習的一部分；不容許失敗，就沒辦法成功。日本暢銷書作家流川美加在《女人三十而麗》書中提到：「美國賓州大學（University of Pennsylvania）有位教授以體操選手為對象進行研究，發現表現出眾的選手普遍有兩個特徵：第一，不是完美主義者；第二，不會一直惦記曾碰過的對手。這些選手不會執著於失誤，只會專心準備日後的挑戰；他們常稱讚自己，不會訂過高的標準要求自己或覺得『我一定要……』。他們不會讓失誤影響自己的存在價值，也不會過度解讀失敗，而是會持之以恆練習。

數學家說失敗是機率問題，科學家說失敗是一種實驗過程。多數的成功都是由失敗累積而成，失敗是成功的必經路程，也是項重要投資；最常失敗的人擁有最多潛力。事情不如意不是失敗，而是經驗的累積。跌越重就得到越多，跌越快，面對挫折時的耐力也會變得越強。」3M公司本來想製作強力黏著劑，失敗後卻意外成功研發出「Post-it」便利貼，他們說：「如果因為怕失敗而不去選擇，就什麼都做不了。不失敗等於不前進，不跌倒等於不邁步。」

我在德國自助旅行時，有一次不小心下錯站，當時已經是深夜，雖然我有點害怕卻還是鼓起勇氣，重新找了一間古樸的小旅館。有了那次經驗後，我開始將失敗當成嘗試新事物的機會，而這種面對失敗的積極態度也影響到我的孩子。在孩子成長過程中，如果父母覺得失敗就是差別人一截，孩子就會將失敗當成傷害；但**如果父母把失敗當成學習的機會，孩子就會有勇氣挑戰**。失敗不丟臉、也不是件壞事，只是沒有達到預期標準而已。重要的是，我們有沒有強化自己的「恢復力」，也就是不管遇到什麼困難都能克服的「心靈肌力」。

累積失敗經驗，就能提高成功機率

同一種病，有些孩子會感染、有些不會；失敗也是一樣，當孩子增強對失敗的免疫力，即使遭遇失敗，也還是能拍拍屁股、起身重新開始。孩子學走路跌倒時，父母會等他自己站起來；如果孩子遭遇失敗，父母也要感同身受、為他打氣，給他時間重新站起來挑戰，並給予肯定和支持。與其讓孩子贏得一次大勝利，不如讓孩子多感受幾次「小勝利」，幫助他克服生活中的小失敗。

有個孩子受傷來保健室，跟我說他受傷回家一定會被媽媽罵；我猜父母只是心疼孩子在成長過程中的碰撞或失敗，有時連一點皮肉傷也看得非常嚴重。我想對每位愛孩子的父母說：**失敗會累積經驗，經驗會提高成功機率**。父母應該給孩子無限的正向支持，對孩子說：「沒關係，沒有人一開始就做得好。看太遠可能會迷惘、會害怕，但只要看腳下就不會怕了。」並鼓勵他一步步往前進。孩子了解失敗不是結束，便能擁有面對困境的韌性。

這次失敗了，只要繼續挑戰，下次就能成功。父母要常提醒孩子，別擴大解讀、把當下的失敗跟自己劃上等號。不過，要留意別在孩子犯錯、失敗時安慰孩子說：「沒關係，沒什麼大不了的嘛！」、「哭的人最笨了！」這樣的言語可能會讓孩子覺得自己被否定，認為自己的努力毫無價值，結果更難過。看到孩子沒有力量時，我常說：「你很難過吧？想哭就盡情地哭沒關係。」同時給他一個緊緊的擁抱。**其實所謂的失敗，就是換方法再次挑戰的機會而已。**

用運動教孩子「成功」與「失敗」吧

運動是教導孩子失敗與成功的好方法。春天、夏天我會和智皓一起騎腳踏車、溜直排輪，冬天則會一起去滑雪。學滑雪的第一步就是學怎麼跌倒和怎麼

站起來，**練習怎麼從失敗中起身**。智皓六歲時，我第一次教他滑雪，我們先在低的地方練習基本姿勢和怎麼跌倒，再讓他滑滑看初級滑雪路線。智皓一開始看到很陡的下坡時非常害怕，我拍拍他並鼓勵他說：「一開始都會這樣，媽媽以前也很害怕。你第一次溜直排輪也覺得很難，可是現在溜得很好啊！只要去嘗試，就會慢慢變好的。看太遠會怕的話，就先看腳下滑滑看吧！」於是他就照著我說的，看著腳下滑，跌倒了就再站起來。

慢慢地，孩子鼓起勇氣克服每個階段，學到中級再進入高級。我想他也從滑雪中感受到成功的喜悅吧？結果玩到滑雪場要關門了，他還完全不想回家。

就像這樣，如果想讓孩子克服恐懼就要出功課給孩子，一步步調整難度，控制在他能克服並承受失敗的範圍內。假如我一開始就說要去滑最難的路線，孩子可能會被嚇到連試都不願意試。重點是讓孩子有信心，讓他知道就算不完美，父母也還是愛他；就算他現在失敗了，之後還是能做好。在他不斷向前、克服失敗的過程中，他所獲得的成就感也能讓他翻越高山峻嶺。

教養8守則8

別用禮物彌補對孩子的虧欠

新聞上曾出現「八個口袋」的話題，有個獨生子參加小學開學典禮，爺爺、奶奶，甚至姑姑、阿姨都從口袋裡掏錢買東西給他，讓他風風光光地去參加。現代有很多人覺得有好房子、好車和很多錢才會幸福，也常用錢表達愛，於是也幫孩子買了一堆高級玩具、名牌衣服、最新型的遊戲機，覺得這樣孩子就會有幸福的童年。

父母因為沒時間陪孩子而自責，然後便想用錢或禮物來證明父母的愛。孩子希望媽媽陪、媽媽卻把娃娃塞給他，孩子期待爸爸陪、爸爸卻把遊戲機當替代品；當孩子有好成績或好表現時就送禮物或零用錢。不過，這些補償不僅無法打動孩子，還可能削弱孩子的企圖心。

不要跟孩子討價還價

一群美國史丹福大學的心理學家，將幼稚園的孩子分成三組讓他們畫畫：對第一組孩子說畫得好就有獎品，然後依約發獎品給他們；對第二組孩子沒說什麼，卻在他們畫完之後突然發了獎品；對最後一組孩子沒有說要發禮物，他們畫完也沒發禮物。過了一段時間，心理學家們再度拜訪那間幼稚園，觀察孩子們畫畫的情形；第一組孩子只期待能得到禮物，認真畫畫的時間少了一半；意外得到禮物的第二組孩子畫得比上次久一點；不過上次什麼報償都沒有的第三組孩子，卻是整班畫最久的。就像這樣，**有禮物或稱讚等外在動機時，孩子只會重視結果，難以自由發揮想像力也感受不到過程的快樂**，所以千萬別讓禮物或零用錢變成孩子的目的。

禮物和錢是能稍微刺激企圖心，不過獎勵一旦消失，連本來的興致也會跟著降低，孩子長大後就必須有更大的獎勵，才能激勵他。這個方法起初有效，但是長期下來會讓孩子變得以自我為中心、沒有耐性。如果在孩子要求之前就先滿足他，他可能會過於依賴，接受不了「想要的東西得不到的事實」。

十八世紀法國思想先驅、啟蒙運動的代表人物之一——尚-雅克·盧梭（Jean-Jacques Rousseau）曾說：「想讓子女不幸，最快的方法就是什麼東西都往他手裡塞。」孩子要什麼就完全滿足他的話，他就沒有機會經歷競爭和妥協；父母太輕易掏錢出來，孩子就會為了得到報酬去做事，不斷想要更多的錢。小時候適當的獎勵很有效，不過等上了小學就不該再用金錢、獎狀、禮物等來推孩子前進；當物質取代了想去做的動機，許多價值也會一併消失。

智皓小學五年級時曾經跑來問我：「同學考一百分，他們想要什麼都可以，那我考得好媽媽會給我什麼？」我反問他：「為什麼考得好，媽媽要買東西給你呢？」他覺得一百分是媽媽的希望，不是他自己的。於是我說：「你很用功、考得好，媽媽當然開心啊。可是那是你的分數，最開心的人也應該是你呀！」還說：「不管考得怎麼樣，只要你覺得努力了，我們就去吃牛排吧！」

千萬不要跟孩子討價還價，否則孩子除了會覺得書是為父母而讀，連吃飯、上學等等也會認為是為父母而做。通常有人提出條件時，人們都只會做到剛好符合那條件，孩子也會這樣。當父母說：「請你幫忙做這個。」習慣討價還價的孩子就會開始談條件，沒有獎勵就不願意做。

孩子最想要的禮物，是樂趣與快樂

對獨生子女而言，最好的禮物就是樂趣與快樂。孩子應該要基於快樂而付出努力。真正的名家不會為了名譽或成功而鍛鍊自己，而是出於自信、滿足，或覺得幫助別人很充實。孩子也要享受學習過程，行動時才會更充滿熱忱。

馬克．吐溫的世界名著小說《湯姆歷險記》（The Adventures of Tom Sawyer）中，主角湯姆．索耶被阿姨抓到他在外跟人打架太晚回家，結果被處罰要在陽光明媚的星期六假日粉刷籬笆。後來遇到朋友班來挖苦時，湯姆卻說刷油漆很好玩：「你以為像我們這樣的小孩子天天都有機會刷油漆嗎？搞不好一千個、不，兩千個男孩裡也找不到一個人能把這件事做好呢！」還表示自己很享受這差事。湯姆的這番話吸引了班，班甚至願意把自己的蘋果給湯姆，拜託湯姆也讓他刷油漆。後來湯姆假裝經不住班的一再請求而把刷子拿給他，其他朋友看到之後也爭先恐後地搶著刷油漆。

神經科學家暨未來學者丹尼爾．品克（Daniel H. Pink），在《動機，單純的力量》（Drive）這本書中提到，致命的缺點就介於糖果和鞭子。他說：「不要指使人去做，而是讓他想要去做。」也就是要轉化工作為遊戲，讓人樂在其中；相反地，也有遊戲變成工作的情況。原本做得很好，後來受人控制或牽扯到獎勵，就沒辦法再享受做事的樂趣了，這就叫做「湯姆索耶效應」。父母不妨想想自己跟孩子的關係是交易還是愛？孩子希望從學習中得到的是快樂、滿足及自尊感，而不是金錢。花大錢買教學用具、送孩子去補習、請家教，這些無法讓孩子快樂。那該怎麼做才能給孩子樂趣與快樂呢？

送孩子禮物的方法

第一，送他能跟爸媽共享快樂的經驗。與其當下給予物質獎勵，不如花時間培養他的好奇心，在玩遊戲或探險中發覺樂趣。建議父母可以找孩子聊天、吃東西，然後在過程中一起擬定玩的計劃。比如一起去旅行、做一直想做的事，甚至不做什麼、陪陪孩子也很好。花點時間，把「爸媽」這禮物送給孩子吧！

第二，送他「缺乏感」。尤其是獨生子女的父母，絕對不能把一切都換算成錢來給孩子。「缺乏感」會賦予動機，讓孩子採取行動。德國科學家約瑟．H．萊希霍夫（Josef H. Reichholf）在《大自然為何做出如此選擇？》

（Naturgeschichten）這本書中提到：「物種的多樣性是在物質缺乏時才能確保，而不是在物質充裕時。生物在惡劣環境中會竭盡全力適應，正是這番努力才衍生出了物種的多樣性。叢林茂密的亞馬遜地區，其實土壤中幾乎沒有養分，所以動植物都必須為了生存而全力掙扎，甚至可以說當地的物種過於多樣。」

缺乏會成為更努力的動機。不論孩子想要什麼，父母應該耐心等待，讓他憑自己的力量獲得，或告訴孩子需要付出什麼努力。有時也可以嘗試不同方法，像是讓孩子接手別人用過的東西、讓他放棄想要的，或去做些他不願意的事。假如孩子想存錢，父母可以讓他整理鞋櫃、客廳或幫忙做家事以換取報酬；當孩子想買很貴的東西，可以讓孩子負擔一定的金額，他才會明白東西的價值。

父母感到抱歉而想補償時，請給他愛；如果想送他東西，就一併送上「缺乏感」吧！無條件用禮物補償，是毀掉孩子最快的方法；而且孩子也會察覺：「爸媽是覺得對不起我才對我好，不是因為愛我。」十幾歲的孩子可能會違背或反抗父母的期望，但其實內心深處依然渴望父母的愛。挪出一段時間陪陪孩子，也送給他們「缺乏感」吧！這樣孩子就能同時擁有快樂、滿足及自信。

親子幸福祕訣1

提早知道幸福關鍵就能避開教養雷區

問父母希望孩子如何成長，大部分都會回答期許孩子能幸福地成長。為了教養出「幸福的孩子」，父母應該扮演什麼角色呢？有一個媽媽想著他的國小兒子說：「要讓他努力念書、進好大學。」另一個女兒還小的媽媽則帥氣地說：「在思考孩子成為什麼樣的人之前，我會先煩惱自己必須成為什麼樣的父母。父母是孩子的鏡子，孩子也會自然而然跟著父母那樣生活。」

孩子念幼稚園、國小的時候，想讓他當個「幸福小孩」的決心總是容易動搖。因為希望他表現得比別人更好，看到眼前成績不夠理想就會開始逼他念書而忘了要看得長遠一點，父母也容易變成只關心成績的學生家長。

父母應該要幫孩子找到他擅長和喜歡的事並引領孩子方向，但一不小心就會要求小孩照單全收。學生家長們都準備好犧牲一切，相信只要花足夠的時間和資源在孩子身上，他就能有好成績並獲得成功和幸福。然而，卻有越來越多人覺得所謂的成功只是一種空想，就連幸福的生活也離自己越來越遠。

帶著特別的熱情，生活也會變得特別

生了三個小孩的朋友C對我說：「老大總是拿一百分，只要錯一題就會被我罵；到了老二，期待值慢慢降成八十分；等生了老三，就覺得只要他有背書包去學校就夠了。」朋友C對大兒子期待很高、也付出更多的愛，不過他大兒子卻說：「我的生活總是在受傷、傷人，跟爸媽的關係尷尬又辛苦。」而其他兩個孩子只要願意去做事，爸媽就很開心了，所以親子關係很好，長大成人後在社會上也過著成功的生活。

若強迫孩子按照父母的要求長大，結果常會事與願違；人生跟我們的預測不同，就算不逼孩子，他們也會走出自己的路。我常聽到很多父母後悔說：「我當初為什麼要逼孩子？明明孩子可以自己好好成長的，要是早點知道，我和孩子都會更幸福吧？」

俄國文豪列夫・托爾斯泰（Leo Tolstoy）的短篇集《三個問題》（Three Questions），描述一個國王為了尋找真理而向隱士提問的故事，他的問題是：第一，世界上最重要的時間是什麼時候？第二，世界上最重要的人是誰？第三，世界上最重要的事情是什麼？那隱士回答：「世界上最重要的時間就是現在，世界上最重要的人就是現在與你在一起的人，世界上最重要的事就是好好對待你身邊的人。每個人都是為此來到這世界的，我們每天都要竭盡所能善待我們遇見的人。」

即使生活很普通，如果心中帶著特別的熱情，生活就會變得特別。生活一成不變卻期待不同的未來，這很矛盾。幸福不是一定要有別人稱羨的名車或大房子；**遠離不安、倦怠和漠不關心，跟當下自己珍惜的人一起生活，這才是真正的幸福**。孩子小時候，幸福來自於父母，但隨著他逐漸長大，幸福也必須由他自己尋找。

有一次我跟孩子邊開玩笑邊散步的時候，他說要跟我玩造詞遊戲：「我們來說ㄒ和ㄈ組成的單字吧！」我想到就說：「稀飯、西風……」不停說出各式

各樣的字，結果孩子跟我說：「我是想聽你說『幸福』才玩這個遊戲的啦！」然後就挽著我的手撒嬌。

幸福並不遠，累積每時每刻的開心，就能擁有幸福人生。幸福跟情緒一樣，都是可以選擇的：做了簡單的晚餐，卻聽到家人說「好吃」還吃個精光的時候；想著先生和孩子喜歡吃的菜而去市場的時候；把蔥花醬油灑上美味涼麵的時候；豬排在油鍋裡滋滋作響的時候……這些都是我的快樂，生活中的小事總是讓我覺得幸福。

戴安娜・洛曼斯（Diana Loomans）在《如果我能重新養育我的孩子》（If I Had My Child to Raise Over Again）這首詩裡面寫道：

「如果我能重新養育我的孩子，我會先建立他的自信心，然後才是房子。
不會用手指著命令他，會和他一起用手指畫出更多的畫。
不會努力糾正孩子，會努力和孩子產生連結。
不會再盯著手錶，會花更多時間看著孩子。
如果我能重新養育我的孩子，我不會學如何教他，會學如何關心他。
會多騎腳踏車、多放風箏；會踏遍原野，看遍星辰；

會更多擁抱、停止責備；會常觀看橡實裡的櫟樹。

少一點懷疑負評、多一點積極正面。

不是讓他看見別的，而是讓他看見愛的力量。」

最近有越來越多父母開始關心孩子的特質，也認為孩子的幸福相當重要；不過要找到「讓孩子幸福的方法」並不容易。我們不曾從父母身上學過該怎麼變得幸福，但幸福卻只能從父母身上學習；如果想讓孩子幸福，父母就要先變得幸福。感受過幸福的孩子，長大後也才懂得經營幸福。孩子的知識不一定像父母，但生活態度、價值觀、想法和人格等特質卻絕對相似，幸福也同樣會彼此影響。

尼古拉斯・克里斯塔基斯（Nicholas A. Christakis，中國譯為古樂朋）在《大連接》（Connected）這本書中講到社會關係的驚人力量。研究顯示，家人或朋友幸福的人，自己也會增加15.3％的幸福感，而且幸福感在三層關係內都能發揮影響力。例如：鄰居的朋友很幸福，我的幸福感也能提升9.5％；到了第三層關係人（朋友的朋友的朋友），他覺得幸福，我也能提升5.6％的幸福感。要到第四層關係，影響力才會消失。

那關係緊密的親子之間，影響力又有多大呢？幸福的祕訣就是待在幸福的人旁邊；如果我很幸福，我身旁的人就能提升15％的幸福感，而這也是父母必須先幸福的原因。我常問自己：「我在什麼時候會覺得幸福？」

我在育兒路上同時獲得了工作和教養這兩種幸福，我的幸福也讓孩子能發揮自己的潛能並覺得幸福，而不是變成「乖孩子」或「小大人」。

別讓不安破壞了與孩子之間的關係

一直擔心未來的人很難覺得幸福，而且光是擔心卻沒有行動的話也不會有任何改變。我建議先觀察自己的不安所在，判斷能不能改變，並決定哪些事需要協助、哪些事應該放手。

孩子到三歲之後會越來越不需要父母的幫忙，父母需要做的事慢慢減少，於是開始會花更多精神注意孩子、想指責或改正他，但如此一來卻會讓孩子失去自信、變得畏縮。我減少對孩子過度關心或期待的方法，就是把時間用來自我開發。

韓國有一本書《致不斷束縛自己的自己》，收錄了心理學家阿爾弗雷德・

阿德勒（Alfred Adler）的名言，書中提到：「人生沒那麼困難，是你讓人生變得複雜了，能拯救自己的也只有你。沒有人能妨礙你，覺得不順利時，就想想自己說過的話、做過的事吧！然後就會發現束縛自己的，還是你。應該要跨越這樣的自己並嘗試改變。」

如果想讓獨生子女幸福，就別讓任何事破壞親子間的關係；**當我脫離成績、自尊心和虛榮心，接納孩子原有的樣子時，即使只是春天陽光灑下或微風吹過，我也覺得十分幸福。**要「教養孩子並度過幸福人生」的實踐方法，就是「享受當下」。幸福是一種細膩的情緒，別因為考試成績而犧牲。現在就讓孩子感到幸福吧！這樣父母也才會放心地陪孩子一起成長。

該怎麼做才能傳達幸福？你只需要給他幸福的經驗。人生像爆米花，想讓玉米爆開需要壓力和熱度；而想讓孩子幸福洋溢就需要幸福的經驗。

智皓以前說他想當金妍兒*（韓國前滑冰選手）就去學滑冰，我每次回顧他跌倒、一直哭的影片時就很懷念他當時的可愛模樣。還有一次他去剪頭髮，當時他委屈地叫我不要拍，不過還是被我錄了下來。跟孩子一起相處的幸福記憶讓我覺得幸福，對孩子也是。

某天躺在床上準備睡覺時，我思考自己在遙遠的未來世界會留下什麼。雖然無法影響很多人，不過我唯一的孩子因為我而幸福健康，我也能給孩子正向的幫助，我覺得這樣的人生就很有價值。教養孩子的時間很短暫而且不會再重來，應該要有趣地享受跟孩子一起笑、一起生活的每個幸福瞬間。

親子幸福祕訣2

即使孩子跟我想得不一樣，我還是愛他

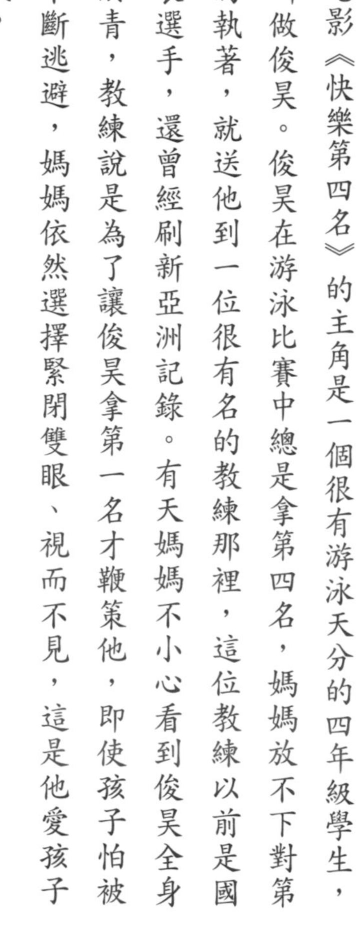

電影《快樂第四名》的主角是一個很有游泳天分的四年級學生，名字叫做俊昊。俊昊在游泳比賽中總是拿第四名，媽媽放不下對第一名的執著，就送他到一位很有名的教練那裡，這位教練以前是國家代表選手，還曾經刷新亞洲記錄。有天媽媽不小心看到俊昊全身都是淤青，教練說是為了讓俊昊拿第一名才鞭策他，即使孩子怕被打而不斷逃避，媽媽依然選擇緊閉雙眼、視而不見，這是他愛孩子的方式。

很多時候，我在思考到底什麼才是為孩子好時，也會感到混亂不安。有媽媽說：「真正的母愛不會忽視孩子的痛苦。」也有媽媽說：「成功才有幸福，所以當下再累、再難過也要撐下去。這就是母愛。」每個人可以達到幸福的方式都不同，很難說到底什麼是對的。

沒有惻隱之心就不是愛

雖然父母愛的表達方式很多，但我覺得一定要有憐憫的「惻隱之心」。有次孝宗大王跟老師討論孟子的書，裡面提到人應該要有四種心性（孟子稱之為四善端），分別是：「看別人痛苦會難受的惻隱之心（仁）」、「犯錯會感到羞恥的羞惡之心（義）」、「禮讓他人的辭讓之心（禮）」，還有「能辨明對錯的是非之心（智）」。不過書中大部分都在說惻隱之心，其他三種只是粗略提及而已。孝宗好奇問了緣由，老師回答：「想擁有其他三種就要先有惻隱之心，也要時時關心、了解並體諒對方。無惻隱之心，非人也。」

尤其是教養獨生子女的父母，這絕對是必修科目。因為孩子沒有兄弟姐妹陪伴他成長，父母就是能給他支持的最大力量。重點是要將心中的愛說出來讓孩子明白。孩子弄丟娃娃，父母卻覺得沒什麼、說再買就好了，孩子就會感受不到愛，因為父母不知道孩子丟了娃娃有多難過，所以孩子也會覺得父母不愛自己。**當孩子考不好時，與其勸他「人生很長、這不算什麼」，不如了解他的心情陪他一起難過，這就是建立在惻隱之心上的愛。**有了這樣的愛，孩子在被責備時才會知道父母是為了他好。

我先生說，他沒辦法長時間陪伴孩子，所以不能隨便罵他；他還說我有很多機會能對孩子表達愛，覺得由我來管教、改正孩子的錯誤會比較好。父母就算對孩子說出再好聽、再厲害的道理，如果孩子感受不到我們的真心，信任感就會降低，畢竟付出愛不是用頭腦，而要用心。

其實父母因為非常愛孩子，很容易就能對孩子的心感同身受；只是在孩子成長的過程中，被接連而來的期待和貪心搶走了這份惻隱之心的位置。到頭來，願意時可以付出愛，不願意時就責備他，這是貪心不是愛，有條件的愛也會讓孩子的生活變得不安。

韓國學生幸福指數是全世界最後一名，學生自殺增加率更是位居第一；不僅孩子覺得韓國是個不幸的國家，連父母們也常覺得養孩子非常辛苦。父母的愛經常體現在物質的生活中，爸爸媽媽自己連幾百塊也捨不得花，卻願意把一大筆錢投資在孩子身上，然後一廂情願地期待孩子身上能出現相對的效果。

就以和我一起念諮商心理研究所的D同學為例，他大學念的科系、人生夢想甚至連婚姻都是媽媽決定的，他結婚、生完小孩之後每天都很憂鬱。以前他很討厭媽媽，有了孩子才發現自己跟媽媽其實沒什麼兩樣，並因此感到絕望。他會幫孩子做好所有事情、只要孩子考試出錯就會打他，然後感到後悔自責。直到有天他開始觀察自己，發現心裡站著一個孩子，因為渴望又得不到媽媽的愛與肯定而變得不幸又可憐。他看見自己過去是個「無法得到安慰的孩子」，也找到了內心脆弱並常感到痛苦的原因。後來他問媽媽：「為什麼你這麼狠心呢？」他媽媽說：「我有什麼沒幫你做到？我能做的都做了，我付出一切讓你有好工作、讓你長大成人，你應該要跪下來感激我啊！」

當父母覺得自己努力、犧牲了很多時，就會期待能在孩子身上看到成果，所以當孩子成績變差就覺得他不可愛、孩子辛苦也不心疼，心裡總有個聲音說：「爸爸媽媽都做了這麼多，你也要有付出啊！」不過孩子的立場不一樣，雖然孩子會覺得父母愛他，但這樣的方式只會讓孩子無法接受。所有精神疾病都源自於童年時期沒有正確建立愛的關係，很多時候父母的愛也還不夠成熟。

想從孩子身上找到自己小時候得不到的愛嗎？

心理學家阿爾弗雷德・阿德勒（Alfred Adler）提到，孩子需要依附父母才能生存，所以為了活下去，不知不覺中「得到愛」的能力會比「付出愛」的能力更強。小時候如果沒有得到充分的愛，長大之後就會希望從另一半或孩子身上得到愛。因為童年不曾擁有，等有了孩子之後反而會想從孩子身上得到愛和幸福，結果變成只有孩子讓自己滿意時才愛他。如果父母只愛孩子的優點，就會變得貪心；也會因為期待的東西太多而很難愛下去。

有條件的付出不是愛。即使孩子付出得不夠多，也要「無條件」愛他；成熟的父母不會想得到愛的回報。法國小說家司湯達（Stendhal）說：「愛只有一個原則，就是讓心愛的人變得幸福。」

世界知名雜誌《財富》（Fortune）每年都會訪問當年度最受尊敬的企業家或經營者，做成封面故事。總編輯湯瑪斯．史都華（Thomas A. Stewart）說：「我們在列領導者名單時都會先檢視他們的行為舉止，也會提出篩選標準，就是不能缺乏愛。有很會裁決的領導人、很會革新的領導人、很會保護的領導人，

也有很會創造的領導人；不過最偉大的就是有愛的領導人。」意思是，用心經營是企業受尊敬的必要條件。父母也是帶領家庭的領導人，所以也需要用心對待孩子。

埃里希・佛洛姆（Erich Fromm）在《愛的藝術》（Art of Loving）裡提出一個問題：「愛是一種單純的感情、一種知識，還是需要努力的藝術？」換句話說，愛並不是一種情緒或感覺，愛需要意志和努力。印地安字典裡沒有「愛」這個字，因為他們覺得想表達愛，只能身體力行。所謂的愛，就是肯定對方的個別性與獨立性，並為了對方的幸福而行動。

親子幸福祕訣3

讓孩子能隨時邀請朋友一起到家裡辦派對

電影《阿甘正傳》（Forrest Gump）裡的主角阿甘，IQ比一般人低，下半身也不太方便，從小就常被同學嘲笑。阿甘每天搭校車時，孩子們不願意讓阿甘坐自己旁邊，都說：「這裡有人！」只有珍妮會讓出位子，對他說：「你想坐就坐吧！」後來阿甘參加越戰時遇到了一位黑人同袍布巴，他也分享了他身邊的位子給阿甘。這就是阿甘人生中的兩個朋友。

生活中朋友的影響力很大，有朋友就會覺得安心、有歸屬感。每次新學期開始，獨生子女的父母都會煩惱「孩子的交友情況」；看到新聞上有孩子被排擠而受傷或自殺時，父母就會怕孩子也變成這樣。哪天孩子不想上學，或睡不著說頭痛、肚子痛時，父母也就會擔心他是不是在學校被排擠。孩子到學校上學，除了念書之外就是要認識朋友，跟同學相處得好也表示學校生活適應得不錯；尤其是從國小高年級到國中這段期間，就算說朋友關係是他們生活的全部也不為過。

遇到好朋友就跟遇到好父母一樣。如果父母是支持孩子的根，那麼朋友就是讓孩子綻放內心的花。海姆・吉諾特（Haim G. Ginott）在《孩子，把你的手給我》（Between Parent and Child）這本書提到：「朋友要對彼此有益、互相幫助，每個人都需要有機會跟個性互補的朋友來往。內向的孩子需要外向的朋友，被父母過度保護的孩子需要自律性強、能一起玩的對象，這對彼此都好。」作家阿龍・道格拉斯・天寶（Aaron Douglas Trimble）也不斷強調朋友的價值：「背後吹來的微風、前方照耀的太陽，和你身邊的朋友，沒有什麼比這更好了。」為了獲得幸福，在同儕間體驗友情和歸屬感是絕對必須的。

跟爸爸媽媽關係好，跟朋友關係也會好

在孩子第一次邁向世界的二～三歲期間，交朋友是件非常重要的事。小時

候如果沒有培養社會性，到了易受朋友影響的青春期就會出問題。例如：想融入同儕間卻不懂方法而被孤立等，很多人都會碰到人際關係的問題。

小兒精神科醫師徐天碩在《我家小孩沒事》一書中談到年紀小的孩子：「如果缺乏同理心、想把自己的壓力發洩在別人身上、不了解人際關係中適當的行為界線時，就會出現霸凌問題。不是長大成人就會變得成熟，大人社會中也可能會出現霸凌。」另外他也提到，同理心對於建立社會關係的重要。美國許多教育學家也說，無法融入朋友圈的孩子，被學校退學的機率比其他人高出八倍；這種問題不只是一時的，他一生中都必須與不安、憂鬱等情緒問題相處，也會嚴重地傷害到自尊感。

獨生子女一開始會透過親子關係學到社會性的基礎，所以跟爸爸媽媽關係好的孩子，跟朋友關係也會好。

孩子從出生開始，就會向父母學習人際關係的技術；起初只要爸媽不在，孩子就會開始哭，三歲左右就會對世界充滿好奇並開始關心周遭環境，也會迎來社會性發展的黃金期。當孩子從父母身上得到充分的親情和愛時，在這基礎上也會慢慢懂得如何照顧別人、尊重別人；這樣的孩子會擁有自信，也會懂得

用相同方式和同儕建立關係。

我常讓孩子跟許多特質不同的朋友相處，讓他體驗妥協、照顧別人和讓步等經驗；玩遊戲發生爭執時，我也會在一旁看他怎麼解決衝突。我會告訴他，不是所有事都能順著我們的意，並教他控制情緒的方法和調節能力。一般人覺得朋友越多，社會性就越好，不過其實數字並不是重點。原本很內向的智皓，一開始非常害羞，不過等他適應環境後就會變得比較開朗，也有兩三個知心朋友。即使現在上了大學，他還是常和國中朋友聯絡，在朋友關係中感受到歸屬感、連結感和幸福。有次他放假回韓國，清晨抵達機場，朋友們也義不容辭地跑到機場接機。一兩個關係深刻的朋友，甚至親近到像是兄弟姊妹一樣，這也讓我知道孩子與世界的連結並非只有父母。

為了讓智皓多多學習，便常帶著他到處接觸不同的人，像是去拜訪鄰居、親戚，或到遊樂園、遊戲教室，刻意地製造機會讓他跟別的孩子相處。父母再怎麼像朋友一樣跟他聊天、陪他玩，孩子最開心的時刻還是跟同齡朋友一起玩的時候。這樣的相處，等於是找到了幸福的旅伴。

讓孩子成為能給予的人

生下智皓之後，我和先生就跟公公婆婆分開住。從那時候開始，在我下班後或週末，我都會盡量帶著智皓在外面度過。雖然智皓還是會有點不好意思，不過在遊樂園或公園裡看到年紀差不多的人，開始會跟對方搭話、聊天：「你幾歲了？你好可愛喔！」為了讓他有時間跟認識的朋友一起相處，我會讓家裡「隨時開放」。

我們家總是準備好讓孩子能邀朋友到家裡辦派對，比智皓年紀小的鄰居小孩、或是幼稚園的朋友們隨時都能來我們家玩。國小的時候，如果孩子們把房門關起來，我就不會去打擾，只在拿餅乾給他們時稍微進去一下。後來我跟智皓的朋友也很熟，自然就會知道智皓和誰在哪裡玩、最近都做些什麼，而且也跟智皓有了更多共同話題，可以像好朋友一樣咬耳朵。

另外，我也讓孩子常跟住附近的表哥、堂妹一起相處，回奶奶或外婆家時都有同年齡的孩子或小哥哥、小姐姐。偶爾我也會帶他跟朋友的小孩見面，或是結伴去旅行，旅行時我還會幫孩子辦睡衣派對、讓他們玩得開心。我跟智皓

去看表演、參觀美術館或去公園的時候，我也會讓他跟別人相處。跟很多孩子在一起時就會自然學到規則和禮貌，也會明白有些事在家不一定要遵守，但在外面就一定要遵守；同時也會知道如何不傷到別人、懂得跟別人和平共處。

孩子念小學時，他的世界就會變成以學校朋友為重。智皓從國小一年級到畢業，我們家這樣的聚會從來沒有間斷過，而智皓也從朋友身上受到許多影響。孩子一、二年級的時候，父母們也會成為朋友、彼此交換資訊，孩子則跟孩子一起玩。有時候我們也會一起辦研討會或野外露營等小規模的體驗活動，因為需要整天的時間，我要上班不一定能參與，但一有機會我還是會盡力參加。智皓一、二年級轉學了幾次，那時我都沒參加過這種家長聚會，等智皓上了四年級、我也當了副會長委員才開始參加。

家長委員會幫忙處理班級事務，隔週週六也都會到班上打掃。不過剛開始我一個禮拜要上班六天，完全沒辦法一起打掃；所以要打掃那週，我就會拎著滿滿的魚板、辣炒年糕、壽司、披薩等分送給大家，做我能做的，也向其他辛苦的父母表達感謝。人與人的關係需要相互授受才能維持，如果我什麼都沒做就無法融入，所以即使要上班，我還是會盡我所能地去幫忙。

最近社區裡同年齡孩子的父母也會組成互助團體，一起「共同育兒」。一個媽媽開心地跟我說：「我兒子在家裡都嬌生慣養，可是在團體裡是哥哥，所以他開始會照顧人，也更成熟穩重了。以前他都只想到自己，但現在他會把餅乾分給弟弟妹妹，我覺得這樣的他好可愛！」好鄰居、好朋友能讓生活更豐富且安定，想經營出這種關係，一開始都必須由自己主動付出。對方需要幫忙就用積極的關心給予幫助，慢慢地對方也會成為我和孩子的盟友。非洲有句俗話說「養小孩需要一個村子的力量」，可以說每個能幫助孩子的人都是很重要的資源。就算不是為了養小孩，只是想打好人際關係，也需要在自己的領域成為專家。**「不論用什麼方式，這世界就是需要Give and Take。」**

有次我帶著好幾個孩子一起到滑雪場滑雪，其他爸爸媽媽在一旁看著孩子上滑雪課。有個孩子不太會滑，就生氣吵著說不要滑了，他媽媽也不知道該怎麼辦。我帶著他和智皓兩個小孩往上走，去上初級課程。我對那孩子說：「你拿著滑雪杖，身體像抱著大水缸一樣往前走。哇！你做得很好耶！才沒學幾個小時，連一次都沒有跌倒耶，很會滑嘛！……」也稱讚了兩個孩子的努力，他們開心地都快飛起來了。後來他們都大聲說要繼續滑，他媽媽也一直感謝我，問我是怎麼讓鬧脾氣的孩子變得那麼開心？

像這樣的活動都需要互相幫助才能維持得久，我只是做了我能做的，也幸虧這樣，之後當我沒辦法照顧小孩時，其他爸媽也會幫我。在家長會裡認識了一位媽媽，我們到現在還常一起去家族旅行或看表演呢！除了父母朋友間的小孩，智皓到了高年級也有了自己的好朋友；國中時還常跟那三個好朋友一起去家族旅行。

怕獨生子女會孤單或社會能力有問題的爸爸媽媽，把這些擔心都丟掉吧！即使沒有兄弟姊妹，鄰居、表兄弟姊妹也都能變成很棒的朋友，只要父母有心培養孩子的社會能力就能達到。想讓孩子交到真正的朋友，就先幫孩子們準備美食、幾部好看的電影，來場派對吧！

為了得到幫助，也需要幫助別人；當我心裡把全社區的孩子都盡量當成自己的孩子照顧時，全社區的父母也都會以愛對待我的孩子。不能只想著顧好自己的孩子，獨生子女的父母絕對要積極、有計畫地敞開家門，迎接門外的孩子。

親子幸福祕訣4

育兒教養資料百百種，需要理解、消化並運用

綜藝節目《婆媳醜聞》裡，演出了婆婆和媳婦因為帶小孩的方法不一樣，而出現摩擦和衝突的樣子：婆婆覺得小孫女太可愛而親了他的嘴巴，媳婦卻被婆婆這個舉動嚇到。育兒書上說：「絕對不能親孩子嘴巴，因為大人口腔中的細菌會轉移到孩子身上。」結果婆婆只表示：「以前我還嚼飯餵小孩呢！他們都健康長大啦，你不要只有一個小孩就疑神疑鬼。」雖然媳婦覺得婆婆說的也滿有道理，但又怕唯一的孩子生病，心裡非常混亂。

大部分生活中需要的事我都學過，卻沒有學過「怎麼當爸爸媽媽」。聽醫生說：「你懷孕八週了。」當下我馬上找了很多懷孕育兒的書來看，卻一點都

不覺得真實，還以為孩子出生就會自己健康長大。後來智皓提早一個月出生，為了照顧他，我真的找了非常多資料，不僅是看書、上網，還特地請教身邊帶過小孩的前輩。這些科學驗證過的資料消除了我當媽媽的煩惱與恐懼，也讓我能了解未來的育兒生活。為了不讓以後的自己後悔，至少我盡力在當下做最完善的準備。從小孩發育階段到嬰兒按摩、運動、遊戲、飲食習慣等等知識，這些資料都是我這個新手媽媽最好的路牌。

再怎麼好的方式，不適合我的小孩就沒用

有些訊息經過科學認證，不過也有很多建議找不到根據；有些人說權威教養、有些人說要自由教養，兩種極端的意見只會讓父母覺得混亂。這種情況在進小學的時候會變得更嚴重，父母聚在一起就會不斷討論育兒資訊。有的是另一半對教養根本毫不關心、也有爺爺奶奶總是想用錢寵孫子……父母真的需要有收集和判斷資訊的能力，因為孩子的教育就是一場「資訊戰」。很多父母努力找資料照做，卻常失望地說：「為什麼沒效？」或自責說：「可能是我做錯了吧……」。

江賢植和朴智英在《教出世界第一，媽媽們的親子教養心理》這本書中說：「父母過濾資料時，經常沒有考量到孩子的狀態。」聽到教養資訊時不能一股腦地實踐，需要配合孩子狀況調整，也要找到適合父母和孩子特質的法則。**對別人好不一定對自己也好，父母清楚掌握自己的個性特質後，再篩選資訊執行，才能將外界資料內化為自己的育兒智慧。**育兒理論都值得參考，但適不適合孩子，還是需要父母視孩子的特質和狀況調整。

不要再「無條件照做」

同一對父母教出來的兄弟姊妹，生活也不會一樣，因為每個人與生俱來的特質和遺傳到的基因都不同。有位虎媽在完美的管教之下將大兒子送進哈佛，但是當他用同樣的方式教二女兒時，女兒卻拒絕接受。

觀察全家人都成功的家庭會發現，他們有自己的教育哲學，不會被當下流行的教養資訊牽著鼻子走。他們會尊重孩子的特質，依此調整並運用收集來的資訊。也就是說，應該要同時考量教養法和孩子的狀況，不能把孩子硬塞進某種教養法裡，這樣親子都會痛苦。我們不需要也無法用所有教養資訊帶孩子。

父母要先找出自己的特質

對我來說，除了一般教養資訊，我還需要適合獨生子女的資料。我會請教那些邊上班邊帶小孩的人，也會看書了解獨生子女的優缺點。後來發現有手足的孩子和獨生子女的教養方法差異不大，孩子的變化主要還是取決於父母的教養態度。我只提醒自己，為了唯一的寶貴孩子，能事先避免的錯誤一定要避免。我常檢討自己：「我的愛有沒有盲點、有沒有因為太疼他而過度保護他，也檢視自己是太嚴苛還是太放任，找到平衡的線。」

與其被資料牽著走，不如把焦點放在孩子的特質上，他本身的興趣、個性才是更重要的。主持人白智妍說：「知道跟理解是不同的。還有，理解和應用也不同。即使聽見或讀到一句讓你認同的好話，如果沒有應用，它就無法成為改變你人生的能量。」教養資訊的內化，關鍵在於有沒有實踐。

育兒方法除了要適合小孩，也要適合父母。一般父母看到很厲害的育兒書時，會出現兩種人：做完全盤規劃之後帶領孩子前進，或是定出大範圍後自由教養。我是一個上班族，沒辦法像全職媽媽投資所有時間，也覺得自己照著書做，過不了多久就會累倒在地。我喜歡簡單、能信任別人，包容性也大，所以我選擇「在大範圍裡自由教養」的放牧式教養，讓孩子能自由選擇，失敗了也能再爬起來挑戰。我沒辦法全天候仔細照顧孩子，所以我也把目標設定為「做給他看」，而不是「教他怎麼做」。

父母的出發點都很好，不過教導對孩子來說常會變成嘮叨，而且因為我選擇做給他看，所以智皓也慢慢能像我這麼做。如果選擇「教他怎麼做」，時間越多就能教越多、時間不夠就無法仔細教導；所以我也考量自己的狀況，讓孩子看著我的生活學習。

面對孩子不同的發展階段當然需要參考各種育兒書，不過除了這些外在東西，父母也需要對自己行動負責以及實踐知識的內在力量，還有觀察的力量。我會去「了解」知識，超越理論找出適合我的實踐方法。親子間出現問題時，我都先檢討自己；當我對媽媽這個角色感到疲憊、混亂時就會思考問題所在，然後閱讀自我開發的書，培養自己正確的生活觀和內在力量。

不要漫無目的地找資料，先整理出關於自己的知識吧！了解自己、了解孩子就是父母真正的知識。要有理論才能建立原則，也才能減少犯錯的誤差；不

過即使知道理論，如果無法順利運用，就只會停留在知道的階段而已。想讓知識成為習慣，需要持續的練習和訓練；必須練習並訓練自己能做到，也才能養成習慣，達到「懂得怎麼做的階段」。話雖這麼說，我自己也常像決定要減肥一樣只有三分鐘熱度；過了三天成效不彰時我就會重新下定決心，不斷做到成為習慣，那時我就能實踐出內化的知識。

親子幸福祕訣5

父母看著孩子長大，孩子也看著父母長大

「錦鯉」這種魚跟小孩很像，在小魚缸裡會長到五～八公分，養在水族館或池塘裡可以長到十五～二十五公分，如果放養到河裡甚至能長到九十～一百二十公分。明明是同一種魚，在魚缸裡是小魚，到河裡卻能成為一條大魚，非常神奇，也被叫做「錦鯉成長法則」。

小孩子也像這樣，隨著父母和環境的不同，他們的想法、價值觀、能力和未來也會不同。父母生養獨生子女都想把最好的教給孩子，如果看到孩子的缺點越來越像自己，即使想努力扭轉往往也不盡人意。教導固然可以影響孩子，但他在成長過程中看見的父母身影會對他帶來更大的影響。

孩子是父母的鏡子

很多老師跟家長聊過之後，都很能體會「孩子是父母的鏡子」這句話。家長到學校來找我諮詢時常說：「我也不知道孩子為什麼會這樣。」覺得問題出在孩子身上。不過再觀察一下就會發現，大人的語氣、想法、行為，甚至連小動作都跟孩子一模一樣。當然也有遺傳的影響，但主要還是**因為父母陪伴孩子最久**。孩子從吃飯的樣子、喜歡的口味、吃完的習慣都跟父母很像；不過父母教孩子時卻常只用嘴巴說說，可能自己躺在沙發看電視，卻要孩子努力念書。

某天我參加了一場媽媽們的聚會，大家都說養小孩真的好累。有人問我：媽媽的工作到底是什麼呢？我說：「媽媽的工作就是好好做給孩子看。」大人如果說出自己也做不到的事，那句話就會失去力量。每個人都曾在學校裡學過道德觀，但還是有人會犯罪；同樣地，孩子不會因為教導或嘮叨就能馬上做好事情，能打動孩子內心的就是父母展現出來的行為。即使沒有花很多心力教他，他看著父母的行為也會自然學習到。

要求孩子之前，自己必須先做到

智皓幼稚園的時候，學校辦了一場派對，邀請父母和孩子一起參與，當天也進行了遊戲大賽。那個遊戲規則像「抽鬼牌」，只要找到配對的牌就可以放出來，最先把牌放完的人就贏了。我很想讓智皓看到我的努力，所以我把遊戲簡化、自己在家練習。比賽當天我順利地過關斬將拿到第一名，獎品是一幅很大的名畫拼圖，回家之後我就跟智皓一起拼拼圖、開心地把它掛在客廳牆上。

還有一次，跆拳道補習班辦了一場搶醬油跑步大賽，我也報名參加了。雖然我不太會跑步，但我很想讓孩子看到努力的媽媽。一想到孩子在看，我就覺得即使跑不到第一名，也一定要拿個獎品，所以那天我拼了老命往前衝。快到終點線時，我心想：「應該能拿第二名吧？」蹲下來伸手想握醬油的瞬間，後面另一個媽媽突然追上來把醬油踢開，我一直追著那瓶滾來滾去的醬油，最後拿到它了。後來孩子抱著獎品，心滿意足地跟我說：「今天晚餐一定會更好吃！」每個當下我都想讓孩子看見我面對事情的態度，即使拿不到第一也盡最大的努力去嘗試。我希望他看到這樣的媽媽能有所學習，所以我每件事都盡力

嘗試，專心做一件事情時，一坐下來就會兩三個小時不動。後來我發現，智皓不只是長相，連個性和做事態度也跟我越來越像。

希望孩子能做到些什麼時，大人該怎麼做呢？英國首相溫斯頓・邱吉爾（Winston Churchill）在一個私下場合被問到：「想要像您一樣擁有備受尊敬的人格，該怎麼做？」他微微一笑地說：「這很難說，我沒什麼祕訣。你想怎麼被對待，就先怎麼待人吧！對方也會像你對待他那樣對待你的。」我不會只是用嘴巴告訴他，而是會做給他看：想讓他有努力的態度，就從我自己開始努力；我擔心他是獨生子女、社會能力不足時，我就會讓他看見我樂於跟別人分享的樣子。我覺得當我愛著自己、努力生活，孩子也自然會愛自己、努力生活。

我的教育哲學是：「我要當個好人，孩子也才是個好人。」然後就改掉我婚前懶惰的生活習慣。就算我想偷懶，聽到孩子過來時我也會要求自己去讀書、運動，生活中我也一定會遵守交通規則、看到路上有垃圾就會撿起來、看到有孩子跌倒會照顧他，也會節省用水用電，學校教的生活秩序我每一項都會遵守。如果我自己做不到卻要求孩子，這很虛假。我不會叫孩子不要看電視，而是在客廳裡擺上書櫃，孩子讀書時我也會一起看書。孩子上國中、開始有念書壓力時，我也去念心理諮商研究所；有時候我會跟孩子待在圖書館裡念書，休息時就一起去買些零食來吃。**當我希望孩子能用正確的口氣說話，我就會要求自己用正確的口氣跟別人說話；如果想讓孩子盡全力做事，我就會要求自己先盡全力去生活；要是希望小孩有禮貌，我就會先要求自己有禮貌；希望孩子能開朗、樂觀又幸福，我就會先讓自己過得幸福。**

自己的孩子最難相處

在孩子面前我總是會注意自己的行為，朋友有時也會念我：「幹嘛看孩子的臉色？」但因為我將孩子當成一個獨立個體，所以孩子在看的時候我都會小心說話、做事。我最愛、卻又覺得**最難相處的人就是自己的孩子了，因為不論好壞、我做什麼他都會受我影響**。智皓六年級的時候，我跟先生關係不是很好，不過我們即使有爭執，也會等孩子不在；一旦孩子在場，我們就會控制情緒、調整表情，像平常那樣對待孩子。不過孩子察覺到家裡氣氛之後，臉上也沒有那麼開朗了。我跟先生討論或爭執的時候，也都會提醒彼此這些事情跟孩子無關。我也會跟孩子說：「爸爸媽媽意見不一樣，正在磨合彼此的想法；就像是朋友有摩擦時也需要時間調整。」這樣智皓就能理解。

獨生子女的父母要協調，不要讓孩子偏重某一方，這很重要。如果在孩子面前罵另一半，孩子就會不知所措，也會覺得自己被孤立。朋友E生了一個女兒，每次夫妻吵架都說是對方的錯，然後要孩子站在自己這邊，結果孩子常因為不知道該怎麼辦而覺得不安。夫妻爭執時不該讓孩子介入或讓他選邊站，應該讓孩子跟爸爸、媽媽都維持一樣好的關係。像智皓跟爸爸相處的時間少，全家人在一起的時候我就會孩子多跟爸爸互動，讓他們有兩人獨處的時間，這樣即使夫妻關係不好，孩子也比較不會受到影響。

每個人都可以說出一口大道理，但要化為實際行動需要付出很大的努力，我覺得用行動讓孩子看見才是成熟的教育方法。愛不是言語，而是行動；真的愛孩子就要付出行動。如果海蟹媽媽明明是往旁邊爬，卻訓練小海蟹直直往前走的話，小海蟹就會沒辦法好好走路，因為父母沒有成為榜樣讓孩子看見。

每個當下都先檢視自己的行為

孩子低年級時用說的會有效，不過到了高年級他就會有自己的想法，如果覺得父母說的話或做的事不對，他就不會照做。如果說孩子小時候是透過「父母」這個鏡片，站在主觀角度看世界；那麼成長之後就會透過旁人，站在客觀角度看世界。父母會評價孩子，孩子也會評價父母；如果想得到孩子的尊重，就要有合乎大人的成熟。孩子越大就越懂得判斷對錯，這時父母的行為就非常重要。如果是用民主的方法說服孩子，他也會接受並照做的。我期許自己能當個孩子想效法的人生前輩。為了當個好前輩，不論私底下或是公開場合，我都盡力地成為孩子的好導師。

我在邊帶孩子邊上班的過程中，自己也慢慢成長。智皓一年級的時候看到同學媽媽都沒有上班，就問我：「媽媽不能也不要去上班嗎？」那時我說：「你上學念書很開心，媽媽去上班的時候也才能跟你一樣開心喔！」當他看到我工作時幸福的樣子，也接受了我的工作，而且長大之後他還說想變得跟媽媽一樣。精神分析學家卡爾．榮格（Carl Jung）強調：「當父母過著自己不樂意的生活時，子女們在心理上會受到最大的影響。」父母過自己喜歡的生活，孩子也才度過自己喜歡的生活。孩子年紀越大，我的時間就越寬裕、精神上也更安定，除了帶孩子我也能專心投入職場中。智皓看到我在全國教育資料展得獎的樣子、獲頒女性部部長獎的樣子、上報紙的樣子等等，他也會對我的成長感到自豪。有天智皓的朋友說：「我在《EBS 紀錄片》上看到你媽媽耶！嚇了我一跳。」他回家之後笑得非常燦爛，對我豎起大拇指說：「媽媽好棒！」當父母成為對社會有貢獻的人時，孩子也會努力想成為這樣的人。

當一個上班族媽媽，在孩子還小時真的滿辛苦的，不過只要撐過那段時間，擁有工作反而對孩子的前途會有好的影響，而且在社會上生活的媽媽也能給孩子比較寬廣的社會觀點和價值觀。智皓在填大學申請書的時候，導師那欄不是寫「媽媽」，而是寫了我的名字「嚴註河」。我問他為什麼填我的名字，他說：「媽媽是我的理想，也是我人生的導師。」

我每個當下都會檢視自己，在對孩子提出要求前、自己有沒有先做到呢？

對獨生子女來說，父母就是世界的全部。以前國小學期初都要寫「家庭環境調查書」：家裡經濟狀況、父母職業、有沒有兄弟姊妹等等。現在雖然不用填了，不過我覺得父母可以問問自己：「你有多愛孩子？你過得積極幸福嗎？生氣時怎麼對孩子表達情緒？有沒有重視並遵守社會上的約定？」

親子幸福祕訣6

給孩子一句肯定，就能改變命運

松下幸之助是日本非常受尊敬的企業家，他家境很窮、連小學都沒辦法畢業。不過他說上天送了他三個禮物：「因為很窮，所以努力工作；因為身體不好，所以努力照顧健康活到超過九十歲；因為沒辦法念書，所以總是努力學習。這些不是上天的禮物是什麼呢？」雖然他常被叫做窮二代，卻擁有積極的心和正面的觀點。他會備受尊敬，也是因為他在沉重的現實挫折下都沒有憤世嫉俗，依然擁有正向的想法，這非常不容易。

父母應該要帶著積極肯定的心去面對孩子與他的未來。尤其是教養獨生子女，一定要無條件正向才行。孩子成長時如果常有不安感，不斷累積到最後甚至會讓孩子對未來感到消極、否定。德蕾沙修女（Mother Teresa）說：「注意你的思考，那會成為你的言語；注意你的言語，那會成為你的行動；注意你的行動，那會成為你的習慣；注意你的習慣，那會成為你的個性；注意你的個性，那會成為你的命運。」父母擁有的正向想法、言語、行動、習慣和態度，都會決定孩子的人生。

別讓否定言語傷了孩子的心

不過父母們可能不太了解，肯定的一句話對孩子有多重要。我曾在路上看到一個媽媽、懷裡抱著一隻狗，因為孩子讓狗狗的腳髒掉而罵他：「我昨天才幫牠洗好，今天又要重洗了。你專挑我叫你不要做的事做嘛！我快被你氣到活不下去了！」孩子就杵在那、畏畏縮縮地聽著，那瞬間看起來彷彿小狗比兒子珍貴。我不禁思考，那孩子大概九歲，他到現在聽過幾次這種否定的話呢？想了想突然覺得有點悶。有些父母常會連想都沒想就習慣性地說：「要死了！」、「我以前怎麼養你的……」讓孩子覺得自己被否定。雖然大人不是真心想對他說這種話，但孩子卻會照著父母的負面言語成長。如果父母把平常說過的話錄下來再聽一遍，可能連自己都會驚訝：「我怎麼會說出這種傷人的話？」

有些獨生子女的父母說：「爸爸媽媽就只有你一個，你一定要做得好！」還有些人甚至會認真地跟孩子說：「你就不要嫁，跟爸媽生活一輩子好了。」或給孩子壓力：「你要跟爸媽挑的那個對象結婚喔！」有句電視劇台詞這麼說：「言語中裝著真心，所以那句話裡也有體溫。」父母無意說出的否定言語，會讓孩子覺得難過，也會覺得寒心。相反地，溫暖的言語可以成為生活中的燈塔。如果想給孩子美好的未來與幸福的生活，父母就先觀察自己的想法、言語、行動、習慣和態度吧！細細檢視自己的過去，看看自己心裡的肯定和否定成分各占多少。

節目《韓文節特輯》中做了一個說話力的實驗，他們把飯放到兩個瓶子裡，分別貼上標籤紙。一瓶貼著美好的話：「謝謝、我愛你、我原諒你。」另一瓶則貼上討厭的話：「煩死了、我好累、快瘋了。」智皓看到結果非常吃驚、覺得太誇張了，還問我：「難道飯也有耳朵嗎？」然後自己也做了個實驗。他找出兩個果醬瓶，把剛煮好的飯裝滿瓶子的三分之一，貼一層保鮮膜再蓋蓋子密封。一瓶寫下好話、另一瓶寫下壞話，我跟孩子有空時也會跑去對這兩個瓶子講話。一開始兩個瓶子都冒出粉紅色的黴菌，貼好話的瓶子慢慢地就不再變化，貼壞話的瓶子卻變成了青綠色的黴菌。兩個禮拜後，好話瓶的粉紅色黴菌沒有擴散、而且還變白了；壞話瓶則變成更深的綠色，而且繼續擴散。我們兩個禮拜的實驗也證實了電視上四週測試的結果：好話瓶子有粉紅色的黴菌，還有像鍋巴一樣的香味；壞話瓶子則是深綠色，還散發著一股餿味。就連飯也有區分好話與壞話的耳朵，更何況是聽父母說話的孩子呢？雖然是**父母無心的一句話，影響力卻很驚人，而孩子也會照那樣的言語成長**。

大家應該都經歷過，說「我什麼都做不好」之後，又接連發生壞事的連鎖效應吧？已經因為一些事覺得煩躁，在意到後來又錯過其他事，生氣地用滑鼠敲桌子，結果桌上的玻璃還破了，讓不好的心情更是雪上加霜。人腦只會對自己認為重要的事情專注，身體會透過各個感官將一千一百萬條資訊傳給腦，不過除了腦認為重要的四十多則訊息之外，其他都不會儲存。腦無法區分現實和非現實，人也會不知不覺重新編輯自己看過、聽過、感覺過的事情，最後留下自己願意相信的。不論最後選擇否定還是肯定，腦只會留意自己的選擇。

加利福尼亞大學（UCLA）的心理學教授莎莉・泰勒（Sally Taylor）說：

「人會因為對自己和世界的正向錯覺而高估了自己的力量，也會對未來擁有不切實際的期待。」不過這樣的正向錯覺卻會讓人幸福，也能引導人走向成功。藉由正向錯覺成功的一位鋼琴家李喜芽小姐，他用四根手指就能演奏鋼琴。雖然一開始像是錯覺，但不知不覺中成為世界第一的錯覺就化為了現實。正向思考可以賦予動機，也可以讓人變幸福並擁有能成功的自信。

人為了生存，負向DNA的發展會多過於正向DNA；像兔子因為隨時都怕被抓去吃，為了察覺危險就會發展耳朵部位。人也會像這樣，對危險、負面的事情更敏感。如果身處危險或失敗的狀況，人就更容易被負向思考籠罩，但其實這些負向情緒，也是自己選擇來的。

一個印第安人酋長對孫子講了一個故事，他說自己心裡正上演一場大戰：「孩子啊，我們每個人心裡都住著兩匹狼，一匹狼想法負面，牠憤怒、嫉妒、難過、貪婪、自卑、虛假而且自私。另一匹是好狼，他擁有快樂、平安、愛、希望、忍耐、平穩、親切、真實還有信心。」孫子問酋長爺爺：「哪一匹狼會贏呢？」酋長爺爺回答他：「你餵養哪匹，哪匹就會贏。」要將哪匹狼餵養得更強大，都是自己的選擇。

絕對的樂觀正向，讓孩子擁有成功與幸福

看到杯子裡裝半杯水，有人會說：「剩不到半杯。」另一種人則會說：「還有半杯這麼多耶！」雖然**客觀事實沒有改變，但自己想法的按鈕卻能讓思考變得正向或負向；而人按下了哪顆按鈕，生活結果也會有明顯變化。**教養獨生子女的父母一定要按下正向按鈕，我當了媽媽後也下定決心無論遇到任何狀況，都一定要按下正向的按鈕。

搭火車不小心下錯站，卻讓我能遇到像電影場景一樣美麗的城堡；旅行找不到路時，也有人牽我的手帶我到住宿地點。還有一次錢包被偷、準備要在那個國家用的錢統統沒了，但我為了不要毀掉剩下的旅程，就當成自己把那筆錢捐給了需要的孩子，然後再次踏上旅程。因為我知道，在辛苦的狀況中如果還選擇否定，就真的連一件好事都不會發生。

我遇到任何狀況都只看正向的一面，並稱讚鼓勵這樣的自己，培養對世界的自信。我也會讓孩子養成正向的習慣，甚至連他身旁的朋友都說：「你超級正向的！」經驗造就人生。經驗就像雲霄飛車，有時往上也有時往下；有失必定會有得。往上爬的時候就盡情享受，往下走的時候帶著會再次往上的信心，就可以變得正向。「孩子與生俱來就有成長的力量。」我總是反覆咀嚼這句話，把不好的狀況也當成孩子成長的過程，相信克服這件事就能回到原本的位置。這想法也常成為我的力量，讓我在否定環境中能正向地放眼未來。

教養獨生子女時，我都把兩件事銘記在心：身為一個上班族媽媽，雖然我沒有很多時間陪孩子，也沒辦法讓他有手足，但我一定會給他溫暖的話和溫暖的飯。言語中有香氣，說出好話時，說的人和聽的人心情都會變好。在一天開始的清晨，我會用溫暖的語氣對孩子說話，睡前也會用堅定的鼓勵結尾。喚醒疲憊、睡得很沉的孩子時，我會邊親邊吹他肚子，跟他說：「早上囉！小可愛，趕快起來囉！」也一定會擁抱他。即使他現在已經長大成人，我也還是會用好話讓他的耳朵開心，用微笑讓他的眼睛開心，給他溫暖的擁抱告訴他我的愛。

早上一睜開眼睛看到什麼、聽到什麼，會決定一天的情緒。別的父母可能會看孩子做不好的地方，但我只會看他做得好的地方；而且我也不會回應他的壞舉動，而是大大地回應他的好行為。

卡爾・瓦倫達（Karl Wallenda）是很有名的傳說級鋼索特技表演者，他都在沒有保護網的情況下，以性命作賭注來走鋼索。他說：「唯有站在鋼索上才是生活，其他一切都只是等待。」並樂在其中。但令人遺憾的是，最後他從自己擅長的鋼索上摔下來失去了生命。在所有人都感到訝異時，他太太卻好像早已預知了先生的死亡，他說：「以前他只單純專注在走鋼索這件事情上，但這次他卻一直想著自己不要掉下來，患得患失，最後導致失敗。」

教養小孩也像是走在鋼索上，與其擔心，不如帶著絕對正向的心，期盼明天更美好並不斷前進。正向言語的力量，甚至強大到可以改變智力；而否定的聲音連飯聽了也會發臭。孩子從小事情開始，就會聽見、看見父母所說的、所做的一切，不用實驗也能知道這會帶給孩子多麼龐大的影響。別忘了自己說出來的話就代表自己；言語會展現一個人的教養、知識、價值觀、個性等等。好話會從好人口中說出來，好孩子也是從好父母手中養出來的。想到我們的每句話都能改變孩子的命運時，請一起對孩子說：「你昨天很棒、今天很棒，明天也會更棒的！」正向力量就是指引父母和孩子走上幸福之路的燈塔。

台灣廣廈國際出版集團
Taiwan Mansion International Group

國家圖書館出版品預行編目（CIP）資料

獨生子女的優勢教養：「一個孩子剛剛好」的分齡教養法，用專注的愛，為孩子內建獨立自律、自主思考的強韌軟實力！/ 嚴註河作；丁睿俐譯.
-- 初版. -- 新北市：台灣廣廈, 2023.06
面；　公分
ISBN 978-986-130-583-7（平裝）
1.CST: 親職教育　2.CST: 子女教育　3.CST: 獨生子女

528.2　　112006174

獨生子女的優勢教養

「一個孩子剛剛好」的分齡教養法，用專注的愛，為孩子內建獨立自律、自主思考的強韌軟實力！

作　　者／嚴註河
譯　　者／丁睿俐

編輯中心編輯長／張秀環・**編輯**／蔡沐晨・陳虹妏
封面設計／何偉凱・**內頁排版**／菩薩蠻數位文化有限公司
製版・印刷・裝訂／東豪・弼聖 / 紘億・秉成

行企研發中心總監／陳冠蒨
媒體公關組／陳柔彣
綜合業務組／何欣穎

線上學習中心總監／陳冠蒨
數位營運組／顏佑婷
企製開發組／江季珊

發 行 人／江媛珍
法律顧問／第一國際法律事務所 余淑杏律師・北辰著作權事務所 蕭雄淋律師
出　　版／台灣廣廈
發　　行／台灣廣廈有聲圖書有限公司
地址：新北市235中和區中山路二段359巷7號2樓
電話：（886）2-2225-5777・傳真：（886）2-2225-8052

代理印務・全球總經銷／知遠文化事業有限公司
地址：新北市222深坑區北深路三段155巷25號5樓
電話：（886）2-2664-8800・傳真：（886）2-2664-8801
郵政劃撥／劃撥帳號：18836722
劃撥戶名：知遠文化事業有限公司（※單次購書金額未達1000元，請另付70元郵資。）

■出版日期：2023年06月
ISBN：978-986-130-583-7